学校では教えてくれなかった英語

中学英語で英語の雑談ができるようになる本

デイビッド・セイン

アスコム

はじめに

例えば、パーティーで……

せっかく友人に
ネイティブを紹介してもらったのに、
あいさつの後、沈黙……。

実は多くの日本人が

「英語で雑談するのが苦手」
「挨拶の後の
ちょっとした雑談ができない」など、

苦手意識を持っているそうです。

でも実はこの雑談、
英語でコミュニケーションを
とるうえでとても大切な会話 なんです。

なぜ雑談が大切なのかというと、
雑談によって、
相手との心の距離が縮まり、信頼関係ができるから。
また、お互いのことを知り合えるので、
いざという時に助け合える仲間になれるんです。
楽しいだけではない効果が、
雑談にはあるんです。

はじめに

英語で雑談できると こんなことが！

- **1** 初対面でも相手との距離がぐっと縮まる

- **2** あなたの印象が良くなる

- **3** 人間関係がスムーズになる

- **4** 友だちが増える

- **5** いざという時助けてくれる仲間が増える

- **6** 良好な人間関係でちょっとしたミスがカバーできる

- **7** ビジネスの突破口になる

- **8** 人生が豊かになる

もちろん英会話力もぐんぐんアップします！

はじめに

英語の雑談と日本語の雑談 どこが違うの？

雑談が苦手だからといって、
難しく考える必要はありません。
雑談の基本は、実は万国共通。

基本は日本語の雑談と同じです。

相手に気持ちよく自分の好きな話を
思う存分たっぷり話してもらい、
楽しいひと時を過ごしてもらうこと。

でも、英語の場合、
ちょっと日本語とは違う部分もあります。

日本語の場合、ただ相づちをうって、
共感するだけでも大抵いいのですが、

**英語では自分の意見や気持ちを
きちんと相手に伝えることが大切。**

なぜなら、

ネイティブはあなたの反応を求めて
話をしているからです。

ただ受け流すだけではなく、
レスポンスをきちんと返すことが、
英語の雑談では特に求められます。

英語の雑談では、
このポイントをおさえておきましょう。

はじめに

英語で雑談するときの基本的な心得とは？

1 > 自分も相手も話しやすい話題を選ぶ

会話を楽しむことでその場の空気をあたためることが雑談の目的です。自分も相手も話しやすい話題を選びましょう。天気の話題など、悩まずにすぐに話せるシンプルな話題がオススメです。

2 > 相手を気持ちよくさせる

自分の印象を良くするためには、相手に「あなたと一緒にいると楽しい」と思ってもらうことが大切。好きなことを好きなようにのびのび話してもらいましょう。

3 > 相手に共感する

嬉しい、悲しい、楽しい、怒りなど、相手が自分の感情について触れた時、相手の気持ちに共感すると、相手は安心感を覚えます。心の距離を縮めるのに有効です。

4 > 相手をほめる

どんな些細なことでもいいから相手をほめます。ほめられてうれしくない人はいませんよね。まずは、服装や外見など見えているところをほめるといいでしょう。

5 › 相手を否定しない

雑談では相手を否定するのはNG。場を温めるどころか空気をぶち壊してしまいます。自分が興味のない話題や嫌いなことでも、まずは肯定・同意が基本です。

6 › 相手にどんどん話させる

自分の好きな話を人に聞いてもらうのは、気分がいいもの。質問したり、相づちをうったりして、相手が話しやすい状況を演出して、たくさん相手に話してもらいましょう。

7 › 感情はオーバーに伝えて

日本人的には、少々オーバーに思えるような豊かな感情表現が、英語の雑談では欠かせません。言葉と態度ではっきり表現しないと相手に伝わりません。

8 › 自分の感想や意見も伝えよう！

英語の雑談では、自分の感想や意見を言うことも大切。相手に合わせるだけでは、つまらない人だと思われて、ネイティブに相手にされなくなってしまうので要注意です。

これさえ押さえればOK！あとは気軽に話してみよう！

はじめに

英語で雑談するとき どんな話題を話せばいいの?

基本は日本語で雑談するときと同じです。

- 天気
- 身の回りに起こったこと
- 目の前にあるもの・見えるもの
- 最近のニュース　　　　　　　　　　など

自分はもちろん、相手もすぐわかり、
話しやすい話題を選ぶのがポイントです。
この本では
すぐに英語で雑談ができるようになるための
フレーズを850コ余り集めました。

この本に出ているフレーズを覚えれば
ネイティブとの会話が弾むはず。
楽しく話しているうちに
英会話力がみるみるアップしますよ!

CONTENTS

目次

まず一番話しやすい話題から始めよう ……… 015

天気の話／空の話／服装の話／カレンダーの話／
目の前の光景の話／移動中に使える話／
相手の見えているところをほめる／
相手を間接的にほめる

話が弾む話題をおさえよう ……… 045

近況報告／時間つぶしの際に／
前に話した「あの」こと／よくあるあのクセ／
笑える失敗談／携帯・ストラップの話／
ニュースの話／政治の話／経済の話／
TV・映画の話／よく読む雑誌の話／
朝の時間の過ごし方／休日の過ごし方／
子どもの話／ペットの話／家族の話／
プロフィールの話／誕生日の話／趣味の話／
習い事の話／好きな音楽の話／
楽器を演奏する方に／スポーツをする方に／
スポーツ観戦の話／旅行の話／流行ものの話／
UFO・幽霊の話／夢の話／PC・電子機器の話／
インターネットの話

012

CHAPTER 3 相手の話を どんどん引き出そう ……… 129

相づちをうつ／質問を返す／愚痴を聞き流す／
困っている相手をねぎらう／
落ち込んでいる相手を励ます／
相手の喜びに共感／相手の悲しみに共感／
相手の怒りに共感／相手の話に驚いたとき／
感動を伝えるリアクション

CHAPTER 4 もっと 雑談を楽しもう ……… 155

相手をねぎらうとき／相手に感謝するとき／
相手を祝福するとき／度忘れしたとき／謝るとき／
誘いを断るとき／
話しにくいことを話してもらうとき／
相談に乗るとき／本題に戻すとき／
話題を広げるとき／話を切り上げるとき／
アメやミントを渡すとき／
店員さんとの会話／自己紹介に添えたいひと言／
日常でよく使うあいさつ

CONTENTS

海外ですぐに使える雑談フレーズ 187

アメリカ／イギリス／イタリア／スペイン／
トルコ／インド／ベトナム／インドネシア／
タイ／台湾

オススメの雑談フレーズがたっぷり！

CHAPTER 1

まず一番
話しやすい
話題から始めよう

雑談とは、さまざまな内容を楽しく話すことを言います。難しく考えずに、自分にとっても相手にとっても話しやすい話題から始めてみましょう。誰とでも打ち解けられる、すぐに使える簡単な話題とフレーズをご紹介します。

CHAPTER 1．まず一番話しやすい話題から始めよう

天気の話

英語でも雑談で一番使いやすいのは
日本語の雑談と同じく天気や天候の話。
相手も状況も選ばず、すぐに使えて便利です。

01
☑ お天気がいいですね。

Nice weather.

02
☑ 寒さが和らぎましたね。

It's a little warmer now.

03
☑ すっかり暖かくなりましたね。

It's gotten a lot warmer.

04
☑ 今日は暖かいですね。

It's feeling pretty warm today.

05
春が近いですね。
Spring's on its way.

06
雲行きが怪しいですね。
I don't like the looks of those clouds.

07
これは一雨ありそうですね。
We might get a little rain.

08
午後から天気が下り坂とか。
It looks like rain this afternoon.

09
今日は夕立があるそうです。
We might have a shower this afternoon.

CHAPTER 1. まず一番話しやすい話題から始めよう

10
☑ 午後は降水確率80%とか。
We have an 80 percent chance of rain this afternoon.

11
☑ 傘が手放せませんね。
You'd better take an umbrella.

12
☑ 大雨ですね。
It's pouring.

13
☑ 外は雨が降っていましたか？
Is it raining?

14
☑ もう3日連続で雨ですね。
It's been raining for three days straight.

15
いよいよ梅雨入りですね。
The rainy season is here.

16
もうすぐ雨がやみそうですね。
It'll clear up soon.

17
青空が出てきました。
I can see some blue sky.

18
あ！ あそこに虹が出ていますよ！
Look! There's a rainbow!

19
台風の季節が到来ですね。
The typhoon season is coming.

CHAPTER 1. まず一番話しやすい話題から始めよう

20
雨風が激しくて吹き飛ばされそうですね。
The rain and wind is terrible. It'll blow you away.

21
稲妻が光っていて怖いですね。
The thunder and lightning are really scary.

22
暴風雨にご注意ください。
Be careful in the rainstorm.

23
蒸し蒸ししますね。
It's so hot and humid.

24
太陽がギラギラ照りつけてきます。
The sun feels really hot today.

25
暑くて死にそうです。
This heat is killing me.

26
最高気温は35℃ですって！
The high today is going to hit 35.

27
溶けてしまいそうです。
I feel like I'm going to melt.

28
アスファルトが鉄板のように熱いです。
The asphalt is like a frying pan.

29
異常気象でしょうか。
This isn't normal, is it?

CHAPTER 1. まず一番話しやすい話題から始めよう

30 昨夜は熱帯夜でしたね。
It was hot and humid last night.

31 昨夜は暑かったから、布団をはねて寝ていました。
I got hot and threw off my covers last night.

32 この冬一番の寒波が到来とか。
The worst cold wave of the year is coming.

33 今朝氷が張っていました。
We had ice on the ground this morning.

34 寒くなってきたから、外回りがおっくうで。
I hate going out in the cold.

35
昨日は寒かったから、暖房を入れました。
It was really cold yesterday, so I turned on the heater.

36
明日は東京でも雪が降りそうですね。
It looks like snow in Tokyo tomorrow.

37
50センチの積雪ですって！
We're going to get 50 centimeters of snow.

38
一面の銀世界ですね！
It's a winter wonderland!

39
今年は雪が多いですね。
Sure been getting a lot of snow this year.

CHAPTER 1. まず一番話しやすい話題から始めよう

空の話

相手も自分も話しやすくて会話のとっかかりにしやすいのが、空の話。見たままを話すだけで盛り上がるので、特に雑談初心者さんにオススメです。

01
☑ **青空がきれいですね。**
The blue sky is so deep.

02
☑ **夕日がきれいですよ。**
The sunset is so beautiful.

03
☑ **星空がきれいです。**
The stars at night are amazing.

04
☑ **満月がきれいに見えます。**
The full moon is so gorgeous.

服装の話

気候や天候によって左右される私たちの服装。天気と同様、誰に対しても会話のとっかかりとして使いやすい話題です。

01
衣替えの時期ですね。
It's time to change my wardrobe.

02
コートがいらないくらいですね。
No need for a coat today.

03
半袖でもいいくらいですね。
This is short-sleeve weather.

04
もう夏みたいですね。
It's just like summer.

CHAPTER 1. まず一番話しやすい話題から始めよう

05 ジャケットが手放せませんね。
I can't part with this jacket.

06 外は寒いからしっかり防寒しないと！
It's cold outside, so dress warm.

07 手がかじかむ！
My hands are frozen!

08 手袋してくればよかったです。
I should have worn gloves.

09 マフラーも忘れずに。
Don't forget your scarf.

カレンダーの話

週末の予定や仕事のスケジュールなど暦やカレンダーにまつわる話題も誰にでも使える雑談ネタです。

---

01 今週のご予定は？
What are your plans for this week?

.....

02 今週も忙しいのですか？
Are you pretty busy this week?

.....

03 もう木曜日だなんて信じられません！
I can't believe it's already Thursday!

.....

04 1週間があっという間に過ぎてしまいますね。
That week went so quickly.

CHAPTER 1. まず一番話しやすい話題から始めよう

05
☑ 週末が待ち遠しいですね。
I can't wait for the weekend.

06
☑ 明日から三連休ですね。何かご予定は？
The three-day weekend starts tomorrow. Any plans?

07
☑ もうすぐ給料日ですね。
It's going to be payday soon.

08
☑ もう今月も終わりですね。
The month is almost over.

09
☑ もうすぐ新年度の始まりですね。
The new year is almost here.

10
もうすぐゴールデンウィーク！ 楽しみですね！
Golden Week is coming! I can't wait!

11
もう6月？
今年も半分終わっちゃいましたね。
It's already June? The year's half over.

12
年度末は忙しいですよね。
March is always a busy time.

13
あっという間に12月ですね。
I can't believe it's December.

14
一年は早いですね。
One year sure isn't very long.

CHAPTER 1. まず一番話しやすい話題から始めよう

目の前の光景の話

相手と自分がまさに今一緒に目にしている景色、人、ものなどを話題にすると話が弾みやすいです。

01
☑ すごい行列ですね！

What a long line!

02
☑ この行列50分待ちですって！

It's going to take 50 minutes to get through this line.

03
☑ 大人気のお店なんですね。

It's a popular place.

04
☑ あれ、ここ、改装中ですね。

Yeah, it's being remodeled.

030

05
工事中みたいですね。

It's under construction.

06
何ができるんでしょうね？

I wonder what it's going to be.

07
すてきなカフェができるといいですね。

I'm hoping for a nice cafe.

08
この地域は最近開発が進んでいますよね。

Development in this area has been moving ahead recently.

09
大きなビルがどんどんできますね。

New buildings are going up all the time.

CHAPTER 1. まず一番話しやすい話題から始めよう

10
昔、あのビルの書店でバイトしてたんです。
I used to have a part-time job at a bookshop there.

11
あそこは、古くからある書店ですよね。
That bookshop has been there forever.

12
品ぞろえが豊富な書店ですよね。
This bookshop has everything.

13
いつもにぎわっていますよね。
They're always really busy.

14
猫が日なたぼっこしてますよ。
That cat's sleeping in the sun.

15
あの犬、かわいいですね。
I'm so in love with that dog.

16
今すれ違った女性、とても美人でしたね。
I passed by a real beauty.

17
あの店員さん、元気が良くて気持ちがいいですね。
That waiter is so nice.

18
彼、イケメンですね!
He's not bad looking.

19
彼の笑顔がすてきですね!
He has such a nice smile!

CHAPTER 1. まず一番話しやすい話題から始めよう

移動中に使える話

車や電車内でクライアントや上司と同席することは意外と多いもの。そんな時にすぐに使える雑談フレーズを取り揃えました。

01
☑ 窓からの眺めがとてもいいですね。
We have a great view from the window.

02
☑ 窓から外を見ていると飽きませんね。
I never get tired of looking out the window.

03
☑ ここは景色が素晴らしいですね。
The view is great.

04
☑ 富士山がきれいに見えますね。
This is a good view of Mt. Fuji.

034

05
この道はいつも渋滞しますよね。
This road is always busy.

06
渋滞する道として有名ですよね。
This road is famous for traffic jams.

07
結構スピードが出ていますね。
We're sure going pretty fast.

08
この道、カーブがきついですね。
This road is really winding.

09
道が空いていてスムーズに走れますね。
There aren't many cars, so the traffic's smooth.

CHAPTER 1. まず一番話しやすい話題から始めよう

10 乗り物酔いは大丈夫ですか？
Do you ever get motion sickness?

11 電車が遅れているようです。
It looks like the train's late.

12 気長に待つしかないですね。
We'll probably have to wait a long time.

13 電車内、とても混んでいますね。
The train's really crowded.

14 ちょうど通勤ラッシュの時間ですね。
It's the commuter rush hour.

相手の見えている ところをほめる

人は誰でもほめられるとうれしいもの。相手の服装や髪形、アクセサリーなど外見をほめると、簡単に場が和みます。

---

01 ネクタイすてきですね。
Nice tie.

---

02 妻のプレゼントなんです。
It was a present from my wife.

---

03 めずらしい柄ですよね。
It's an unusual pattern.

---

04 とってもよくお似合いですよ。
It looks great on you.

CHAPTER 1. まず一番話しやすい話題から始めよう

05 シャツかっこいいですね。
That's a cool shirt.

06 色がすてきです。
The color is really nice.

07 どこのブランドのですか？
What's the brand?

08 いつもぴんとした姿勢がすてきですね。
You have nice posture.

09 スーツ姿が決まってますよね。
You look great in a suit.

10
それ、大人気のバッグですね！

That is that popular bag, isn't it?

11
時計、かっこいいですね。

What a cool watch.

12
帽子、似合いますね。

You look good in that hat.

13
落ち着いてますよね。

You look really calm.

14
眼鏡、似合ってますね。

Those glasses look great on you.

CHAPTER 1. まず一番話しやすい話題から始めよう

15
☑ 眼鏡、いくつお持ちなんですか？
How many glasses do you have?

16
☑ 流行を取り入れてますね。
You're so fashionable.

17
☑ チャーミングですね！
How charming!

18
☑ いいにおいの香水ですね、どこのですか？
That's a nice perfume. What is it?

19
☑ ネイル、キレイですね。
Your nails are really beautiful.

20
それ、かわいいですね！
Wow, how cute!

21
髪、さらさらでうらやましいです。
I wish I had silky hair like yours.

22
行きつけのサロンはあるのですか？
Do you go to a particular salon?

23
シャンプーは何を使っているのですか？
What kind of shampoo do you use?

24
トリートメントはしていますか？
Do you use a treatment?

CHAPTER 1. まず一番話しやすい話題から始めよう

25
お肌、すべすべですね。
Your skin is so smooth.

26
お使いの化粧品はどこのですか？
What cosmetics do you use?

27
お肌のケアはどうしてますか？
How do you take care of your skin?

28
あれ、ピアスにしました？
Hey, did you get your ears pierced?

29
そのイヤリング、新作ですね。
Your earrings are new, aren't they?

相手を間接的にほめる

相手のがんばりや人気を話題にするのも場を和ませるのに有効です。
ただし、直接言うと嫌味にきこえてしまうので、
第三者の言葉として伝えましょう。

01
☑ ジョージが「頑張ってるな」って
言ってましたよ。

George thinks you're doing a good job.

......

02
☑ ききましたよ、売上トップだって！

I heard the news. You're at the top in sales.

......

03
☑ できる営業だって、今話題ですよ。

You're known for being really good at sales.

......

04
☑ 田中さんが、
あこがれの先輩だって言ってましたよ。

Tanaka-san said he really admires you.

CHAPTER 1. まず一番話しやすい話題から始めよう

05 社内のアイドルなんですってね。
You're kind of a superstar in the office.

06 みんなから好かれていますよね。
You're really popular here.

07 最近、すごくきれいになったって話題でもちきりですよ。
Everyone's talking about how beautiful you've gotten lately.

08 みんな、やせたねってうわさしてますよ。
Everyone's saying you lost weight.

09 おしゃれだねって評判ですよ。
Everyone thinks you're fashionable.

CHAPTER 2

話が弾む話題を
おさえよう

雑談でよく取り上げられる話題をたっぷりご紹介します。相手との関係性はもちろん、相手の趣味や好み、興味を考慮して話題を選ぶのはもちろんですが、同時に、自分の話しやすい話題を選ぶことも大切。相手も自分も話が弾む話題を選んで、会話を楽しみましょう。

CHAPTER 2. 話が弾む話題をおさえよう

近況報告

「最近どう？」にひと言プラスして具体的な話題をふると、
会話がぐんと盛り上がります。

01
☑ 最近、ずっと外食続きなんですよ。
I've been eating out too much lately.

02
☑ そのせいか、太ってきてしまって。
I think it's making me fat.

03
☑ ダイエットしなきゃって思っています。
I need to go on a diet.

04
☑ 最近とっても忙しそうですね。
You seem really busy lately.

05
なんかバタバタしていて。
I'm kind of busy.

06
体調は大丈夫ですか？
Are you feeling okay?

07
栄養ドリンク飲んで乗り切ってます。
I'm trying to get over it with a health drink.

08
風邪がはやってるから体に気を付けてくださいね。
There's a cold going around, so be careful.

09
栄養と睡眠をしっかり取らなきゃですね。
You have to eat right and get enough sleep.

CHAPTER 2. 話が弾む話題をおさえよう

10 今度、出張に行くことになりまして。
I need to go on a business trip soon.

11 出張の準備に追われています。
I'm busy getting ready for my trip.

12 いつもランチはどこに行くのですか？
Where do you always go for lunch?

13 お気に入りのカフェがあるんです。
I have a favorite cafe.

14 そのカフェのコーヒーがおいしいんです。
That cafe has great coffee.

時間つぶしの際に

上司やクライアントと一緒に行動しているとき、予定より目的地に早く着いてしまったなどといった状況で使えるフレーズです。時間をつぶす方法を提案しながら、雑談で盛り上がりましょう。

01
打ち合わせまで30分ありますね。

We have 30 minutes before the meeting.

02
どこかで時間をつぶしませんか？

Is there a place to kill time around here?

03
散歩でもしますか？

Do you want to go for a walk?

04
どこか行きますか？

How about going somewhere?

CHAPTER 2. 話が弾む話題をおさえよう

05
暇ですね。
I'm kind of bored.

06
お腹すきましたね。
I'm feeling hungry.

07
のどかわきましたね。
My throat's kind of dry.

08
カフェでも入りますか？
How about going to a cafe?

09
コンビニで何か買いますか？
Do you want to get something at a convenience store?

前に話した「あの」こと

前に会ったときに話したことを覚えてもらえていると嬉しいもの。
雑談の中でそういった話題にふれると、空気が一瞬で和みます。

01
以前○○って言ってくださいましたよね？
You once told me, ○○, didn't you?

02
その後どうなりましたか？
What did you do after that?

03
たしかお父さまは沖縄の方でしたよね？
Your dad's from Okinawa, right?

04
そうです！ よく覚えていらっしゃる！
Yeah, you remembered!

CHAPTER 2. 話が弾む話題をおさえよう

05 あの時、ゴルフのお話をしたケンです。
I'm Ken. Remember, we talked about golf that one time.

06 ごぶさたしております！
It's been a long time!

07 息子さんがいらっしゃいましたよね。
You have a son, don't you?

08 息子さん、おいくつになられましたか？
How old is he now?

09 そういえば、ヒロくんはお元気ですか？
That reminds me; how's Hiro?

よくあるあのクセ

何気なくやってしまうクセややめられない習慣なども
話が盛り上がりやすいのでオススメです。

01
ついつい爪をかんじゃうんです。
I have a habit of biting my nails.

02
電車の中ではいつも爆睡です。
I sleep really well on trains.

03
ひとりごとが多いんですよね。
I talk to myself all the time.

04
足を組んで座っちゃうんですよね。
I sit with my legs crossed.

CHAPTER 2. 話が弾む話題をおさえよう

05
☑ チョコレートがやめられないんです。
I'm addicted to chocolate.

06
☑ 貧乏ゆすりって気になりますよね。
I hate it when people tap their feet.

07
☑ タバコがやめられなくて。
I just can't stay away from smoking.

08
☑ 頭をかく癖があるんです。
I have a habit of scratching my head.

09
☑ 腕組みしてしまうのが悪い癖でして。
I have a bad habit of folding my arms.

笑える失敗談

誰もがクスッと笑える失敗談は、英語でも日本語でも
場を和ませる雑談ネタとして重宝します。

01
☑ 飲み会で泥酔して、
気がついたらゴミ置き場で寝てました。

I got dead drunk at a party, and I woke up in a pile of trash.

....

02
☑ チャック全開のまま新宿を
歩いてしまいました。

I walked around Shinjuku with my fly down.

....

03
☑ 駅の階段でズッコケちゃいました。

I slipped and fell on the station stairs.

....

04
☑ 左右逆で靴を履いて外出して大恥かきました。

I put my shoes on the wrong feet. It was really embarrassing.

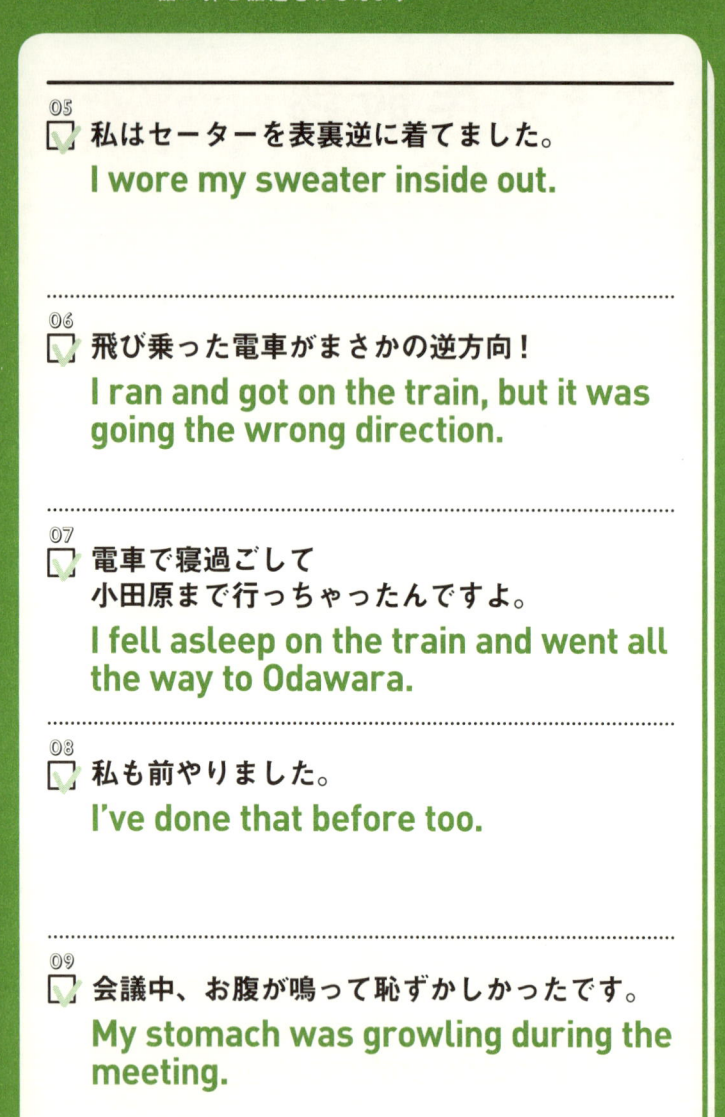

CHAPTER 2. 話が弾む話題をおさえよう

05
私はセーターを表裏逆に着てました。

I wore my sweater inside out.

06
飛び乗った電車がまさかの逆方向!

I ran and got on the train, but it was going the wrong direction.

07
電車で寝過ごして
小田原まで行っちゃったんですよ。

I fell asleep on the train and went all the way to Odawara.

08
私も前やりました。

I've done that before too.

09
会議中、お腹が鳴って恥ずかしかったです。

My stomach was growling during the meeting.

携帯・ストラップの話

その人らしさがにじみ出る携帯の待ち受けやストラップ。
話の切り口にオススメです。

---

01 ストラップ、かわいいですね。
What a cute strap.

02 何ていうキャラクターなんですか？
What's this character?

03 それ、今話題のキャラクターのストラップですね。
That's a strap with that famous character.

04 ストラップって集めちゃいますよね。
It's fun to collect straps, isn't it?

CHAPTER 2. 話が弾む話題をおさえよう

05
待ち受け、何にしているんですか？

What do you have as your standby screen?

06
今話題の待ち受け画像って知っていますか？

Do you know that standby image everyone's talking about now?

07
待ち受け、かっこいいですね。

I like your standby screen.

08
お嬢さんのお写真ですか？

Is that a photo of your daughter?

09
わんちゃん、かわいいですね！

Your dog is so cute!

10
携帯の機種は、何ですか？

What kind of cell phone do you have?

11
ドコモのスマートフォンを使ってます。

I have a Docomo smartphone.

12
最近、携帯の調子が悪いんですよね。

My cell phone has been acting up lately.

13
そろそろ買い替え時ですかね？

I think it's time to get a new one.

14
かっこいい携帯ですね。新しいんですか？

What a cool cell phone. Is it new?

CHAPTER 2. 話が弾む話題をおさえよう

15
☑ この携帯の機能は、私には多すぎます。

This phone has too many functions for me.

16
☑ なんでもできるから、これさえあれば他に何もいりません。

I can do anything with this. It's all I need.

17
☑ 最近の携帯はどれもかっこいいですよね。

All the new cell phones look really cool.

18
☑ 次はどんな携帯にするんですか？

What kind of phone are you going to get next?

20
☑ 最新モデルの iPhone を狙っています。

I want to get the latest iPhone.

ニュースの話

世間を賑わせる事件や事故などのニュースは、みんなの関心が高いので、比較的話のしやすい、雑談の鉄板ネタです。

01
例のニュース知っていますか？

Have you heard the news?

02
昨日ニュースで見ました。

I saw that in the news yesterday.

03
最近、物騒な事件が多いですよね。

There's been a lot of dangerous news lately.

04
町中その話で持ちきりですよね。

The whole town is talking about nothing else.

CHAPTER 2. 話が弾む話題をおさえよう

政治の話

ネイティブは、政治の話を好んでします。
深刻にならない程度に話をしてみるといいでしょう。

01
総理大臣についてどう思います？

What do you think about the prime minister?

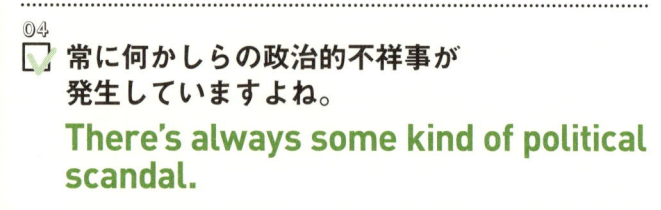

02
政治家が言うことは何も信じられません。

I don't believe anything politicians say.

03
彼女をとても信頼しています。
素晴らしいリーダーだと思います。

**I really trust her.
I think she's a great leader.**

04
常に何かしらの政治的不祥事が
発生していますよね。

There's always some kind of political scandal.

05
私たちの総理大臣は、誰も長続きしません。

None of our prime ministers last very long.

06
彼に投票したけど、間違いでした。

I voted for him, but that was a mistake.

07
やっと賢いリーダーが誕生しましたね。

We finally have a smart leader.

08
誰が当選しようが構わない。
何も変わらないですからね。

It doesn't matter who wins the election. Nothing will change.

09
毎回投票するようにしているけど、
たいてい結果にはがっかりします。

I always try to vote, but I'm usually disappointed.

CHAPTER 2. 話が弾む話題をおさえよう

経済の話

経済の話もネイティブとの雑談では鉄板ネタです。
難しくならない程度に話をしましょう。

---

01 そろそろ景気が上向いてくれるといいですね。
I sure hope the economy improves soon.

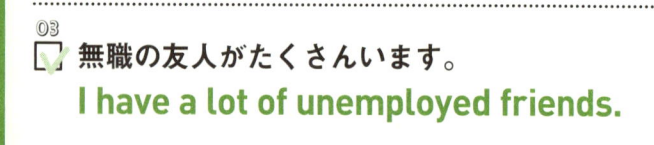

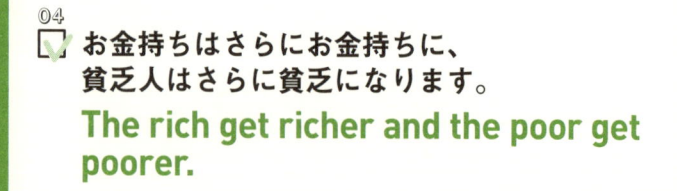

02 あまり楽観視していないようですね。
You don't sound very optimistic.

03 無職の友人がたくさんいます。
I have a lot of unemployed friends.

04 お金持ちはさらにお金持ちに、貧乏人はさらに貧乏になります。
The rich get richer and the poor get poorer.

05
今は、楽観的になるのはとても難しい状況です。
It's really hard to be optimistic right now.

06
景気は確実に上向いています。
The economy is definitely improving.

07
政府の経済政策がうまくいっているようです。
The government's economic policies seem to be working.

08
やっと円安になってきてよかったです。
I'm glad the yen is finally dropping.

09
景気が回復しているように感じます。
It feels like the economy is recovering.

CHAPTER 2. 話が弾む話題をおさえよう

TV・映画の話

日本語同様、英語でも欠かせないのが、TVドラマや映画の話。万人受けする雑談の鉄板ネタです。

01
☑ **TVを見るのは好きですか？**

Do you like to watch TV?

02
☑ **オススメのドラマはありますか？**

What TV series do you recommend?

03
☑ **今○○にはまって、毎週見ています。**

I'm into ○○. I watch it every week.

04
☑ **ドラマはチェックされるんですか？**

Do you watch any TV series?

05
サスペンスが大好きなんです。

I like suspense.

06
やっぱりケンはかっこいいですよね。

Ken is so cool.

07
ケンさんって、
あの映画にも出てましたたよね。

Ken was also in that movie.

08
週末から始まったあの映画、見に行きました？

Did you go see that movie that started on the weekend?

09
人気で2時間待ちでしたよ！

It was really popular, so we had to wait for two hours!

CHAPTER 2. 話が弾む話題をおさえよう

10
☑ 映画、よかったですよ！ ぜひ見てください！

**It was a great movie!
You have to see it!**

11
☑ あの映画、ストーリーは単調でしたけど
主演のアンディーがいい味出してましたね。

The story was simple, but Andy was really good.

12
☑ 脇役のナオトがよかったですね。

Naoto was great in the supporting role.

13
☑ 演技はともかく、映像が素晴らしかったです。

The acting was okay, but the scenery was incredible.

14
☑ あの迫力、
スクリーンで見ないと伝わらないですよね。

You have to see it on a big screen.

15
アニメにはまっています。
I'm hooked on anime.

16
マンガが原作でしたっけ。
Wasn't this originally based on a comic book?

17
キャラクターも魅力的なんです。
The characters are really fun.

18
大人も楽しめるんですよ。
Even adults like it.

19
あの映画ご覧になりましたか？
Did you see that movie?

CHAPTER 2. 話が弾む話題をおさえよう

20
まだなんです。いかがですか？
Not yet. How was it?

21
ジョンの最新作って何でしたっけ？
What's the latest John show?

22
何シリーズもありますよね。
There are several series.

23
その映画のDVDはお持ちですか？
Do you have that movie on DVD?

24
ぜひ貸していただけませんか？
Would you kindly let me borrow it?

よく読む雑誌の話

ファッション・ビジネスなど流行のチェックに
雑誌は欠かせない存在。
ネイティブとの雑談にもぜひ取り入れて。

01
よく読む雑誌って何ですか？

What magazines do you read?

02
雑誌は電子派ですか？ 紙派ですか？

Do you read online magazines or paper magazines?

03
付録につられて雑誌を買っちゃうんです。

I always buy magazines with free gifts.

04
週刊誌は読みますか？

Do you read any weekly magazine?

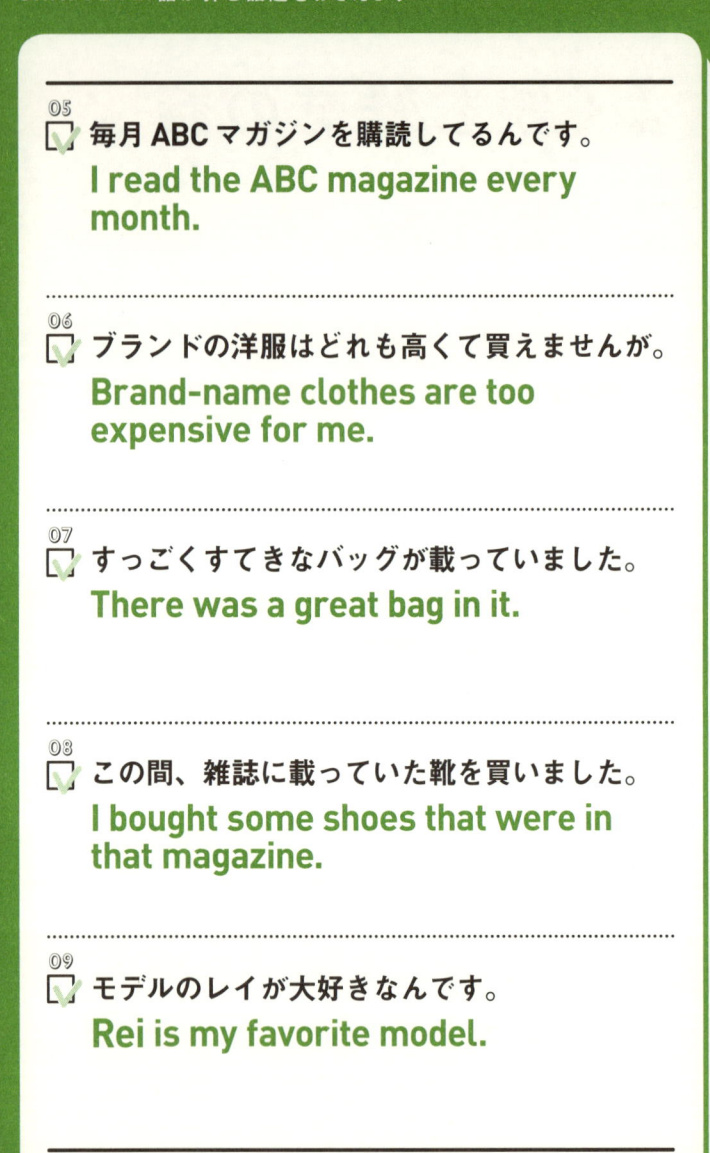

CHAPTER 2. 話が弾む話題をおさえよう

05 毎月ABCマガジンを購読してるんです。
I read the ABC magazine every month.

06 ブランドの洋服はどれも高くて買えませんが。
Brand-name clothes are too expensive for me.

07 すっごくすてきなバッグが載っていました。
There was a great bag in it.

08 この間、雑誌に載っていた靴を買いました。
I bought some shoes that were in that magazine.

09 モデルのレイが大好きなんです。
Rei is my favorite model.

朝の時間の過ごし方

人によってさまざまな朝の時間の過ごし方や朝の習慣。
話がふくらみやすいので雑談ネタにオススメです。

---

01 朝、何時に起きます？
What time do you get up in the morning?

02 昨日はぐっすり眠れましたか？
Did you sleep well last night?

03 低血圧なので朝が苦手です。
I have low blood pressure, so mornings are tough for me.

04 今朝、寝坊しちゃったんです。
I slept in this morning.

CHAPTER 2. 話が弾む話題をおさえよう

05
朝、犬の散歩をするのが日課です。

Walking my dog in the morning is part of my routine.

06
朝シャワー派ですか？　夜風呂派ですか？

Do you take a shower in the morning, or a bath at night?

07
朝は熱いシャワーで目を覚まします。

I wake myself up with a hot shower in the morning.

08
朝、新聞読んでます？

Do you read the newspaper in the morning?

09
今朝、何を食べました？

What did you have for breakfast?

10
毎日、朝食はトーストとコーヒーです。
I have toast and coffee for breakfast every morning.

11
今朝は朝食を食べる時間がなくて。
I didn't have time for breakfast this morning.

12
朝、何時くらいに家を出ますか？
What time do you leave your house in the morning?

13
家から駅まで何分くらいですか？
How far do you have to walk to the station?

14
徒歩で10分です。
It's a 10-minute walk.

CHAPTER 2. 話が弾む話題をおさえよう

15
毎朝電車がとても混んでいます。
The train is really crowded in the morning.

16
通勤ラッシュなんとかならないですかね。
I hate the morning rush hour.

17
車で出勤してます。
I commute by car.

18
朝の渋滞はつらいですよね。
The traffic is so bad in the morning.

19
自転車通勤してるんですってね。
I heard you commute by bicycle.

休日の過ごし方

相手も自分も話しやすく、
意外に盛り上がりやすいのが
休日の予定や過ごし方に関する話題です。

01
日曜日は何していたんですか？

What did you do on Sunday?

....

02
友人たちとバーベキューに行きました。

I went to a barbecue with my friends.

....

03
洗濯と掃除に追われてました。

I was busy with laundry and cleaning.

....

04
この連休はどこか行きました？

Did you go anywhere over the long weekend?

CHAPTER 2. 話が弾む話題をおさえよう

05 子どもとテーマパークに行きました。
I went to a theme park with my kids.

06 実家に帰省してました。
I went to my parents' home.

07 夫婦で買い物に行きました。
I went shopping with my wife/ husband.

08 連休はどこも混んでいました。
It was crowded everywhere during the long weekend.

09 家族旅行に行ってきました。
I went on a trip with my family.

10
家族サービスも疲れちゃいますよね。
I got tired taking my family everywhere.

11
いつも休みの日はどう過ごしていますか？
How do you spend your time off?

12
カフェでまったり読書するのが好きなんです。
I like reading a book for hours at a cafe.

13
休日はいつもダラダラしています。
I just sit around on my days off.

14
町を離れ日帰り旅行するのが好きなんです。
I like to go on one-day trips outside of the city.

CHAPTER 2. 話が弾む話題をおさえよう

子どもの話

子どもを持つ人が相手なら、
なんといっても子どもの話がオススメです
日本語でも英語でも盛り上がります。

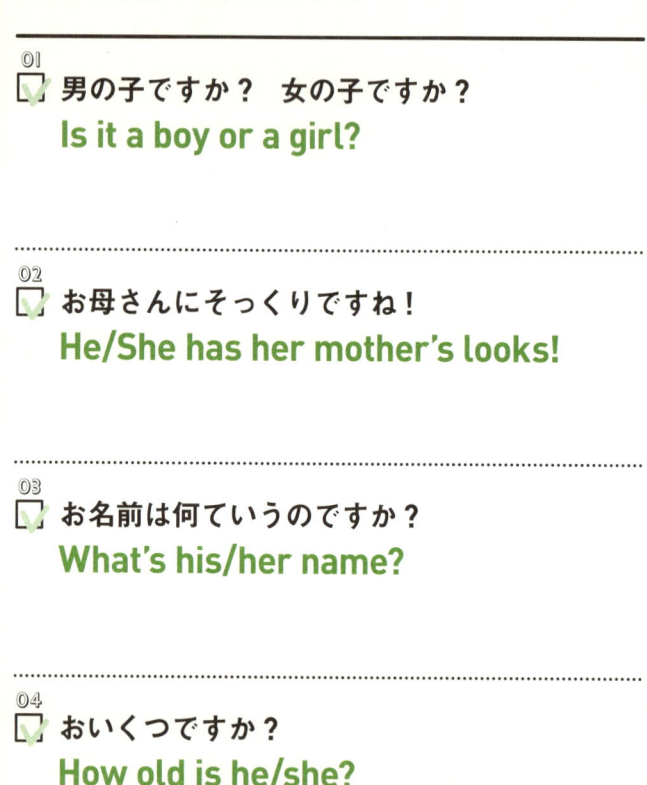

01
☑ 男の子ですか？　女の子ですか？

Is it a boy or a girl?

02
☑ お母さんにそっくりですね！

He/She has her mother's looks!

03
☑ お名前は何ていうのですか？

What's his/her name?

04
☑ おいくつですか？

How old is he/she?

あなただけに
スペシャルプレゼント！

ネイティブに話しかけられても、もう困らない！
アウトプット力を鍛える特製BOOK

David A Thayne Presents.
BONUS EDITION
とっさの英会話
デイビッド・セイン 著

とっさに言いたい厳選 **32** フレーズが収録！
しかもネイティブに話しかけられたシーンを
シミュレーションできるしかけで
ドキドキ、レッスン！楽しみながら
英語力がアップします！

ただいま無料公開中！

ダウンロードはこちら↘
http://www.ascom-inc.jp/eikaiwa/

英語の勉強をしているのに、
いざネイティブに話しかけられると、
とっさに英語がでてこない……。

ネイティブに声をかけられただけで
縮こまって何も話せなくなる……。

そこで考えたのが、
この**とっさの英会話**！
スペシャルフレーズ集!!

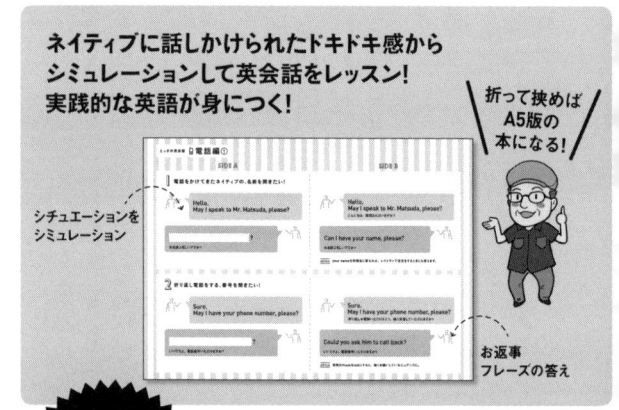

**ネイティブに話しかけられたドキドキ感から
シミュレーションして英会話をレッスン!
実践的な英語が身につく!**

折って挟めば
A5版
の本になる！

シチュエーションを
シミュレーション

お返事
フレーズの答え

**ただいま
無料公開中！**

ダウンロードはこちら
http://www.ascom-inc.jp/eikaiwa/

郵便はがき

105-0002

切手を
お貼りください

（受取人）
東京都港区愛宕1-1-11

(株)アスコム

**中学英語で
英語の雑談が
できるようになる本** 読者　係

本書をお買いあげ頂き、誠にありがとうございました。お手数ですが、今後の出版の参考のため各項目にご記入のうえ、弊社までご返送ください。

お名前	男・女	才

ご住所　〒

Tel	E-mail

今後、著者や新刊に関する情報、新企画へのアンケート、セミナーのご案内などを
郵送またはeメールにて送付させていただいてもよろしいでしょうか？
　　　　　　　　　　　　　　　　　　　　□はい　□いいえ

返送いただいた方の中から**抽選で5名**の方に
図書カード5000円分をプレゼントさせていただきます。

当選の発表はプレゼント商品の発送をもって代えさせていただきます。
※ご記入いただいた個人情報はプレゼントの発送以外に利用することはありません。
※本書へのご意見・ご感想に関しては、本書の広告などに文面を掲載させていただく場合がございます。

●本書へのご意見・ご感想をお聞かせください。

ご協力ありがとうございました。

05
最近いたずらがひどくて困ってて。
He/She's a little troublemaker.

06
どうやって叱ってます？
What do you do when he/she's bad?

07
うちの娘、すごく人見知りするんです。
My daughter is really shy.

08
お嬢さん、来年受験ですか？
Does your daughter have university exams next year?

09
お嬢さんの学校はどちらですか？
What school does your daughter go to?

CHAPTER 2. 話が弾む話題をおさえよう

10
お嬢さんと買い物によく行かれるんですか？

Do you often go shopping with your daughter?

11
お嬢さんは何か習い事をしていますか？

Is your daughter taking any kind of lessons?

12
息子さん、サッカーをやっているんですってね。

I heard your son plays soccer.

13
兄弟そろってサッカークラブに入っています。

All the boys in my family are on the soccer club.

14
うちの息子、来年留学する予定なんです。

My son is planning to study abroad next year.

ペットの話

相手がペット愛好家なら、ぜひペットの話を。
話が盛り上がりやすいので、ネイティブもよく使う
雑談の鉄板ネタです。

---

01 犬種は何ですか？
What breed is it?

.....

02 オスですか？ メスですか？
Is it a male or female?

.....

03 名前は何というのですか？
What do you call him?

.....

04 この公園にはよく散歩にくるのですか？
Do you go for walks in the park?

CHAPTER 2. 話が弾む話題をおさえよう

05 人懐っこいですね。
He likes people.

06 賢いワンちゃんですね。
What a smart dog.

07 毛並みが素晴らしいですね。
Her fur is beautiful.

08 そのドッグウェアかわいいですね。
These dog clothes are really cute.

09 ネコを飼っているとか。
Do you have a cat?

10
いたずら好きなんですよ。
He's always getting in trouble.

11
私はうちのネコにぞっこんなんです。
I'm madly in love with my cat.

12
ペットシッター、知りませんか？
Do you know any pet sitters?

13
ペットサロン、どこ使ってます？
What pet grooming salon do you go?

14
ドッグラン、探してるんです。
I'm looking for a nice dog run.

CHAPTER 2. 話が弾む話題をおさえよう

家族の話

英語でも日本語同様、家族にまつわる様々な話題は
相手も自分も共感しやすく盛り上がります。

01
☑ 母からこんなメールが来まして。
I got this message from my mom.

02
☑ かわいらしいお母さまですね。
She sounds like a nice lady.

03
☑ うちの母、子離れできないんですよ。
My mother doesn't want me to grow up.

04
☑ 私は親離れできないんです。
I can't live without my parents.

05
最近、夫婦喧嘩が絶えないんです。

My husband and I are always fighting.

06
主人がこんなこと言うんですけど、信じられます？

Can you believe what my husband said?

07
毎年家族で旅行に行きます。

Every year I go on a trip with my family.

08
ご家族、仲がいいんですね。

It sounds like you're a close family.

09
最近祖母の調子が悪いんです。

My grandma hasn't been doing very well lately.

CHAPTER 2. 話が弾む話題をおさえよう

10
ご家族の体調が悪いと心配ですよね。
It's tough when a family member is having health problems.

11
兄が就職したんです。
My brother found a job.

12
お兄さま、どちらに就職なさったんですか？
Where's he going to work?

13
妹が大学サボってばかりで。
My sister never goes to class.

14
これ、娘がプレゼントしてくれたんですよ。
My daughter gave me this.

15
先日父とはじめて飲みに行ったんです。
I went out for a drink with my dad for the first time ever.

16
親孝行ですね。
That was nice of you.

17
弟とケンカしまして。
I got in a fight with my little brother.

18
はやく仲直りできるといいですね。
Try to get along with him.

19
今度姉が結婚することになって。
My older sister got engaged.

CHAPTER 2. 話が弾む話題をおさえよう

プロフィールの話

ケースバイケースですが、
相手の年齢や結婚、職業、出身などプライベートについてきくのも、
話が弾みやすくておすすめです。

01
☑ ご結婚されているんですか？
（ただし親しくなってからききましょう）
Are you married?

02
☑ 1人暮らしですか？
Do you live alone?

03
☑ ご家族と住んでいるのですか？
Do you live with your family?

04
☑ お子さんはいらっしゃいますか？
Do you have children?

05 何人家族ですか？
How big is your family?

06 ご兄弟は？
Do you have any brothers or sisters?

07 ご実家はどちらですか？
Where do your parents live?

08 ご出身は？
Where are you from?

09 名産品はあるんですか？
Do you have any local souvenirs?

CHAPTER 2. 話が弾む話題をおさえよう

10
☑ ご職業は？
What do you do?

11
☑ 職場はどちらにあるのですか？
Where's your office?

12
☑ どちらの大学を卒業されたのですか？
Where did you graduate?

13
☑ 卒業生にはどなたがいらっしゃいます？
Who are your alumni?

14
☑ ご専攻は？
What did you major in?

誕生日の話

日本語でもそうですが、英語でも盛り上がるのが誕生日の話題。特に相手が女性なら星占いの話もオススメです。

---

01 誕生日はいつですか？
When's your birthday?

---

02 自分の星座が何かわかります？
Do you know what your zodiac sign is?

---

03 私は9月生まれだから、乙女座です。
I was born in September, so I'm a Virgo.

---

04 星占いを信じますか？
Do you believe in astrology?

CHAPTER 2. 話が弾む話題をおさえよう

05
- [ ] おお、私たち、同い年ですね。

  Wow, we're the same age!

06
- [ ] 誕生日には何をしましたか？

  What did you do for your birthday?

07
- [ ] 誕生日は、どんなふうに
  お祝いするのが好きですか？

  How do you like to celebrate your birthday?

08
- [ ] 私ぐらいの年になると、
  誕生日はもはや嬉しくないんですよね。

  At my age, birthdays are no longer a happy thing.

09
- [ ] 20歳になるのが待ちきれません。

  I can't wait to turn 20.

アスコムの楽しく学べる 語学書のご案内

アイコンの説明
- ♥ 初心者向け
- ♦ 海外旅行向け
- ♠ ビジネス向け

話題の本!

CDブック 聞くだけで話す力がどんどん身につく
英語サンドイッチメソッド
デイビッド・セイン

英語と日本語をサンドイッチにした例文を
1日4分 聞き流すだけで
ある日突然 英語がわかる!

読者から喜びの声が続々!

★「ただCDを聞いているだけで英語がスラスラわかるようになるなんて驚き」
（27歳 女性）

★「例文がとにかくおもしろい! おもしろがって聞いていたら、ある日突然英語がわかるように! 確実にリスニング力がアップしています!」
（48歳 女性）

★「いろんな教材を試しては挫折ばかりでしたが、これは簡単だから続いています」
（52歳 男性）

1日4分聞き流すだけで、みるみる英語力がアップする、お手軽教材!
本体1200円＋税

● 本の内容に関するお問い合わせ
〒105-0002 東京都港区愛宕1丁目1番地11 虎ノ門八束ビル
TEL：03-5425-6626　FAX：03-5425-6770　http://www.ascom-inc.jp/

手軽さが大人気
アスコム mini bookシリーズ!

mini版 英会話の9割は中学英語で通用する
わざわざ勉強しなくても、知っている単語でペラペラ話せる。
デイビッド・セイン　本体648円＋税

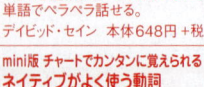

mini版 学校では教えてくれなかった ネイティブにちゃんと伝わる英単語帳
絵本を見る感覚で、ネイティブ流の英単語の使い方がすごくよくわかる。
デイビッド・セイン　本体648円＋税

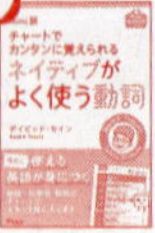

mini版 チャートでカンタンに覚えられる ネイティブがよく使う動詞
よく使う英単語の組み合わせをチャートでスッキリ覚える。
デイビッド・セイン　本体650円＋税

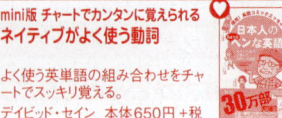

mini版 爆笑！英語コミックエッセイ 日本人のちょっとヘンな英語
セイン先生が目撃した日本人のおかしな英語をマンガでご紹介。
原案：デイビッド・セイン　漫画：中野きゆ美
本体648円＋税

mini版 ネイティブが使う英語使わない英語
英語のネイティブ感覚を身につけるのに最適な1冊。
デイビッド・セイン　小池信孝
本体619円＋税

mini版 ネイティブスピーカーにグッと近づく英語
状況に合わせてちゃんとした英語が話せるようになる。
デイビッド・セイン　本体648円＋税

mini版 ネイティブに嫌われる英語
あなたの英語、実はネイティブをムッとさせているかも。
デイビッド・セイン　本体648円＋税

mini版 読むだけで英語が楽しくなる本
楽しむための豆知識満載。読むとどんどん英語が好きになる。
デイビッド・セイン　本体648円＋税

mini版 感動する英語！元気がでる英語！
覚えておきたい、選りすぐりの名言をわかりやすい解説と共にご紹介。
デイビッド・セイン　本体648円＋税

mini版 英語は要領！
少ない時間で効率よく英語を身につける、とっておきの方法。
山西治男　本体648円＋税

mini版 たった1文からトコトン学べる 私の英語ノートを紹介します。
英語が確実に身につくノート作りのヒントが満載。
石原真弓　本体648円＋税

mini版 瞬間英作文ドリル
大ベストセラー「瞬間英作文」シリーズの集大成。
森沢洋介　本体648円＋税

言いたかった英語が楽しく身につく!
「学校では教えてくれなかった」シリーズ

中学英語で英語の雑談ができるようになる本

中学レベルのシンプルな英語で、どんどん雑談できるフレーズを850紹介!

デイビッド・セイン
本体980円+税

「ごちそうさま」を英語で言えますか?

日本語なら、誰でも言えるのに、英語になると、とたんに言えない…そんなフレーズを800収録!

デイビッド・セイン
本体952円+税

英会話は伝え方で9割決まる

あなたの英語をブラッシュアップするヒントをたっぷりご紹介。

デイビッド・セイン
本体952円+税

マーク・ピーターセンの見るだけでわかる英文法

日本人が知りたい英文法のポイントをイラストで解説。

マーク・ピーターセン
本体1000円+税

効率的に英会話力アップを図るなら
アスコム英語マスターシリーズ!

1週間で英語がどんどん話せるようになる26のルール

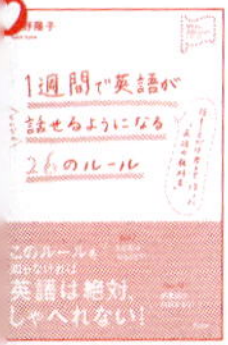

英会話に必要な最低限のルールを要領よく学べる1冊。

上野陽子
本体1300円+税

CDブック 1日5分で英語脳をつくる音読ドリル

35万人が学んだ大人気メソッド。脳トレ感覚で楽しく英語力UP!

デイビッド・セイン
本体1200円+税

ビジネス英語・TOEICも アスコムにおまかせ!

出社してから帰るまで
ネイティブに伝わるビジネス英語700

出社してから帰るまでの英語がこの1冊でOK!

デイビッド・セイン
本体890円+税

打ち合わせから出張まで
ネイティブに伝わるビジネス英語ワンランクアップ編

日本語を直訳しても伝わらない! ネイティブにちゃんと伝わる表現をシーンごとにご紹介。

デイビッド・セイン
本体890円+税

30秒英語プレゼン術
エレベーター・スピーチでビジネス英語のレベルが一気に上がる!

30秒で相手の心をつかむ英語プレゼン術!

デイビッド・セイン
本体952円+税

ネイティブに伝わる
ビジネス英語の書き方

英語のビジネスレターもメールもこの1冊におまかせ。

デイビッド・セイン
本体952円+税

ただのサラリーマンが時間をかけずに半年でTOEICテストで325点から885点になれたラクラク勉強法

ラクして要領よくTOEICの点数を急激にアップさせる勉強法。

ベストセラー10万部突破!

杉村健一
本体890円+税

ネイティブが教える
TOEICテストシンプル勉強法

TOEICの点数が伸びなくてお困りのあなたに。

デイビッド・セイン
本体952円+税

公式メルマガ「ネイティブにちゃんと伝わる英会話」
ネイティブにちゃんと伝わる英語を話すコツやヒントを毎週メールマガジンでお届けします。ぜひ登録して、読んでみてください。

[アスコム] [検索]

★話題の新刊続々!
新刊情報はアスコムホームページから http://www.ascom-inc.jp/

趣味の話

年令を問わず使えるのが趣味の話題。
意外な相手の趣味に盛り上がることが多いです。

01
ご趣味は何ですか？

Do you have any hobbies?

02
実は世界の切手を集めるのが趣味です。

Actually, I collect stamps from around the world.

03
コレクションは1万枚くらいになります。

I have about 10,000 stamps.

04
読書が好きです。特にミステリーが。

I like reading; especially mysteries.

CHAPTER 2. 話が弾む話題をおさえよう

習い事の話

もし相手が趣味の一環もしくはキャリアアップのために
習い事をしているのなら、ぜひ詳しく聞いてみましょう。
自分の習い事を会話のとっかかりするのもいいですよ。

---

01 習い事って何かしていますか？

Are you taking any kind of lessons?

---

02 習い事、はやっていますよね。

Things to study seem to go in and out of style.

---

03 フラワーアレンジメントを習ってます。

I'm taking flower-arrangement lessons.

---

04 料理教室に通っています。

I'm taking a cooking class.

05 おもしろそうですね。
Sounds interesting.

06 語学学校に通われているとか。
Are you going to a language school?

07 フランス語を習っているんです。
I'm learning French.

08 毎週水曜夜にレッスンがあります。
I have a lesson every Wednesday night.

09 宿題が多いんです。
There's a lot of homework.

CHAPTER 2. 話が弾む話題をおさえよう

10 体験教室はありませんか？
Can I monitor a class?

11 資格の勉強をしようと思っています。
I'm thinking about studying for some kind of certification.

12 自習しています。
I'm just studying by myself.

13 試験はいつですか？
When's the test?

14 どんな資格を取るのですか？
What kind of certification?

好きな音楽の話

英語の雑談でも好きな音楽やミュージシャンの話は鉄板ネタです。楽曲やコンサートなど、どんどん話を膨らませましょう。

---

01 どんな音楽を聴くんですか？
What kind of music do you like?

---

02 何を聴いているんですか？
What are you listening to?

---

03 この歌聴いて。すごくかっこいいんです。
Listen to this song. It's really cool.

---

04 この歌、聴いたことあります？
Have you heard this song before?

CHAPTER 2. 話が弾む話題をおさえよう

05
☑ この歌に聴き覚えがあります。
This song sounds familiar.

06
☑ これは誰が歌っているんでしたっけ？
Do you know who sings this song?

07
☑ おお、すごく深い意味のある歌詞ですね。
Wow, the lyrics are really deep.

08
☑ これ、私の好きな歌です。
This is my favorite song.

09
☑ 今、ちょっとジャズにはまっているんです。
I'm kind of into jazz now.

10
好きなミュージシャンはいますか？
Do you have a favorite musician?

11
実はアイドルの追っかけをしてるんです。
Actually, I'm kind of a groupie.

12
今度ライブツアーがあるんです。
He's going on tour.

13
私も◯◯の大ファンなんですよ！
I'm also a big fan of ◯◯.

14
アルバムはぜんぶ持っています。
I have all of her albums.

CHAPTER 2. 話が弾む話題をおさえよう

15 今度新曲が発売されるんですって！
Her new song is coming out soon!

---

16 ○○の新曲、聞きました？
Did you hear the new song by ○○?

---

17 もちろん、チェック済みです！
Of course! I've already checked it out.

---

18 新曲、楽しみですよね。
I can't wait for their next song.

---

19 ドラマの主題歌でしたよね？
Wasn't it the theme song for a TV series?

20
夏フェス、どこか行きます？
Are you going to a summer music festival somewhere?

21
この前の◯◯のライブ最高でしたよ！
That ◯◯ concert was incredible!

22
どこでライブがあったんですか？
Was there a concert somewhere?

23
チケットよくとれましたね！ うらやましい！
Wow, you got tickets! I'm so jealous!

24
携帯音楽プレーヤーは欠かせません。
I have to have my portable music player wherever I go.

CHAPTER 2. 話が弾む話題をおさえよう

楽器を演奏する方に

ピアノやギターなど相手が楽器を演奏できるなら、
それは特技として大きく取り上げて、
じっくり話をきき出してみましょう。

---

01 何か楽器を弾かれるんですか？
Do you play any instruments?

---

02 ギターが弾けるんですね！
So you can play the guitar!

---

03 お上手ですね。
Not bad.

---

04 いつから習っているんですか？
How long have you been playing?

05 始めたきっかけは？
What got you started?

---

06 いつ練習しているんですか？
When do you practice?

---

07 どのくらい練習しているんですか？
How much do you practice?

---

08 バンドを組んでいるんですか!?
You have a band!?

---

09 ぜひコンサートに呼んでください！
Don't forget to invite me to your concert!

CHAPTER 2. 話が弾む話題をおさえよう

スポーツをする方に

ゴルフやマラソンなど趣味や健康のために
スポーツをしている人は多いもの。
意外な共通点が見つかりやすく、話が盛り上がるのでオススメです。

---

01 スポーツは何かされますか？
Are you into any sports?

---

02 スキーが得意とか？
Are you good at skiing?

---

03 ご夫婦でテニスをされるんですか？
Do you play tennis together?

---

04 最近、ジムになかなか通えないんです。
I don't have time to go to the gym these days.

---

05 もしかしてゴルフ焼けですか？
That looks like a golf tan.

06 ゴルフのスコアはいくつですか？
What's your golf score like?

07 会社のランニングクラブに入っているんですって？
I heard you're in your company's running club.

08 今度、ホノルルマラソンに参加するんです。
I'm going to run in the Honolulu Marathon.

09 いつもトレーニングはどうされていますか？
What kind of training are you doing?

CHAPTER 2. 話が弾む話題をおさえよう

スポーツ観戦の話

野球やサッカーなど、スポーツ観戦が好きな人はたくさんいます。
相手の話したいキモチをくすぐり、たっぷり雑談を楽しみましょう。

---

01 今度、サッカーを観に行きませんか？
How about going to a soccer match?

---

02 どのチームを応援しているんですか？
What team are you rooting for?

---

03 応援グッズは欠かせませんよね。
We have to have some fan merchandise.

---

04 好きな選手はいますか？
Do you have a favorite player?

05
長友って今
どこのチームにいるんでしたっけ？
Where's Nagatomo now?

06
本田のゴール、かっこよかったですよね。
Honda's goal was so cool.

07
満塁ホームラン、感動でしたね。
I couldn't believe that grand-slam homerun!

08
スター選手に注目してます！
I'm watching the star player.

09
イチローが4000本安打だって。
Ichiro batted 4,000.

CHAPTER 2. 話が弾む話題をおさえよう

10
今度はメジャーで10年連続200本安打だって。
He batted 200 for ten straight seasons.

11
ダイスケけがしたらしいですよ。
Daisuke got injured.

12
一生に一度でいいからウィンブルドンに行ってみたいんです。
I want to go to Wimbledon at least once in my life.

13
シーズン中は毎晩TVで観戦してますよ。
I'm glued to my TV every evening during the season.

14
昨日のゲーム、感動しました！
Yesterday's game was great!

旅行の話

英語でも日本語でもそうですが、国内外問わず、
旅行の話は誰もが楽しく話せる定番の話題です。

---

01 お土産です。
I got something for you.

---

02 どちらに行かれたんですか？
Where did you go?

---

03 誰と行かれたんですか？
Who did you go with?

---

04 先月、京都へ旅行に行ってきました。
Last month, I went on a trip to Kyoto.

CHAPTER 2. 話が弾む話題をおさえよう

05 京都へ行ったんですか？ いかがでした？
You went to Kyoto? How was it?

06 東京から京都まで新幹線でどのくらいお時間がかかりました？
How long does it take to get from Tokyo to Kyoto by Shinkansen?

07 車で行かれたんですか？
Did you go by car?

08 ドライブは楽しめましたか？
Did you have a fun drive?

09 お天気はどうでしたか？
How was the weather?

10
何かおいしいものは召しあがりました？
Did you have a lot of good food?

11
どこに泊まったのですか？
Where did you stay?

12
温泉を楽しんできました。
I really enjoyed the hot springs.

13
真鶴で釣りしたんですが、あそこは穴場です！
I went fishing at Manazuru. It's a secret fishing spot!

14
先週、今年初のサーフィンに行ってきました。
I went surfing for the first time this year last week.

CHAPTER 2. 話が弾む話題をおさえよう

流行ものの話

英語の雑談でも意外と盛り上がるのが、若者言葉や流行語。
疎くてわからなかったら相手に質問してきいてみるのも手です。

---

01 最近、みんなこれ使ってますよね。
Everyone's using this now.

---

02 それってはやってるんですか？
Is it popular now?

---

03 今年の流行語大賞って何だと思います？
What words do you think will be most popular this year?

---

04 これ、この間テレビで見ました。
I saw that on TV the other day.

UFO・幽霊の話

ネイティブが結構好むのが、UFOや幽霊の話題。
思いのほか話が弾みますので、ぜひ話してみてください。

01
UFOの存在を信じます？

Do you believe in UFOs?

02
死ぬ前に異星人を見てみたいです。

I want to see an alien before I die.

03
異星人に誘拐されたことがあると言う女性と会いました。

I met someone who said she was kidnapped by aliens.

04
あれ何？ UFOだと思います？

What's that? Do you think it's a UFO?

CHAPTER 2. 話が弾む話題をおさえよう

05 このUFOの動画を見たことあります？
Have you seen this UFO video?

06 あれ、何だと思います？
What do you think it is?

07 私は生まれてこのかた幽霊を見たことはありません。
I've never seen a ghost in my life.

08 私の兄(弟)は、すごく幽霊を怖がります。
My brother is really scared of ghosts.

09 私の家、幽霊にとりつかれてると思います。
I think my house is haunted.

夢の話

老若男女を問わず、意外と話が膨らむのが昨晩見た夢の話題です。
ぜひ雑談ネタに使ってみて下さい。

---

01 昨晩、とてもおかしな夢を見ました。
I had a really strange dream last night.

---

02 あなたが見た夢を教えてください。
Tell me about your dream.

---

03 (その夢には)特別な意味があると思います？
Do you think it has a special meaning?

---

04 あなたが見た夢の意味を解明できると思います。
Maybe I can interpret your dream.

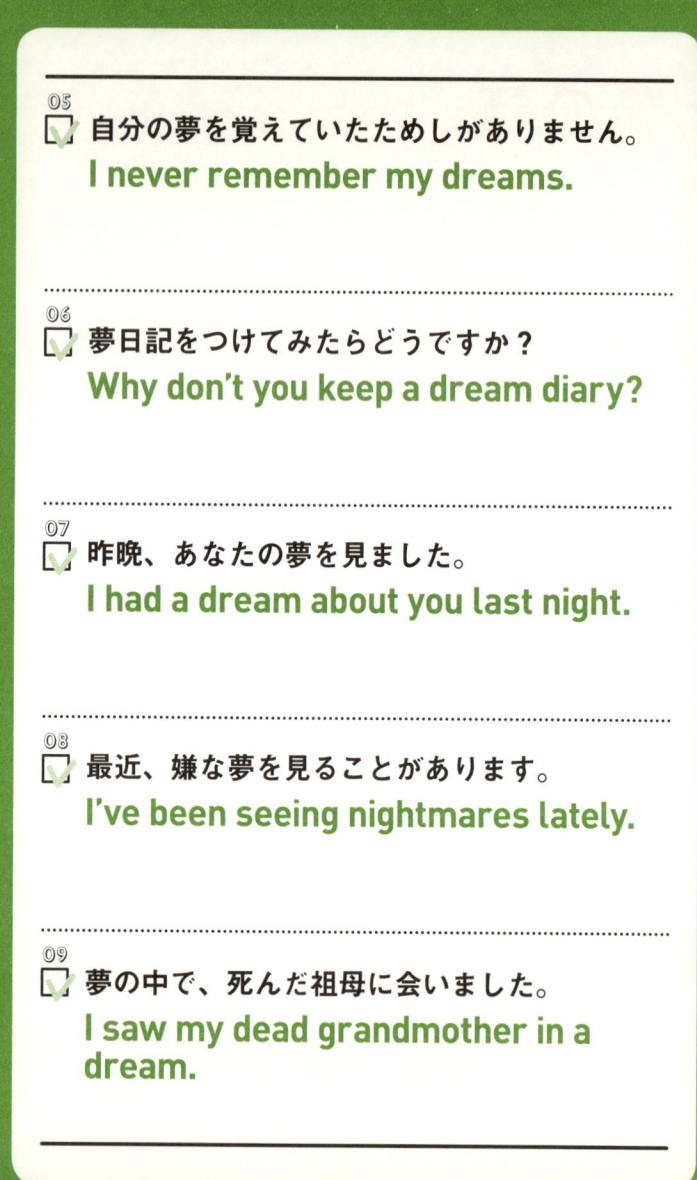

CHAPTER 2. 話が弾む話題をおさえよう

05
自分の夢を覚えていたためしがありません。
I never remember my dreams.

06
夢日記をつけてみたらどうですか？
Why don't you keep a dream diary?

07
昨晩、あなたの夢を見ました。
I had a dream about you last night.

08
最近、嫌な夢を見ることがあります。
I've been seeing nightmares lately.

09
夢の中で、死んだ祖母に会いました。
I saw my dead grandmother in a dream.

PC・電子機器の話

今や生活に欠かせないPCや電子機器。
関心や悩みは世界共通ですから英語でも話しやすいトピックスです。

---

01 パソコンはウィンドウズですか？
Do you have Windows?

---

02 マックを使っています。
I use a Mac.

---

03 ノートパソコンを買おうと思っています。
I'm thinking about getting a laptop.

---

04 あなたなら、何を買いますか？
If you were me, what would you buy?

CHAPTER 2. 話が弾む話題をおさえよう

05 ノートパソコン派です。
I use a laptop.

06 デスクトップの方が好きです。
I prefer a desktop computer.

07 新しい機器には目がありません。
I'm really into new gadgets.

08 最近はiPadばかり使ってます。
I mostly use my iPad now.

09 iPhoneとPCを同期させたいんですが。
I'd like to synchronize my iPhone and computer.

10
USBはどこに差し込めばいいですか？
Where's the USB port?

11
パソコンを買い替えました。
I got a new computer.

12
ここに表示されている時間を変更する方法を知ってますか？
Do you know how to change the time on this?

13
マニュアルを読むのは大嫌いなんです。
I hate reading manuals.

14
どうやるのか見せてあげましょうか？
Maybe I can show you how it works.

CHAPTER 2. 話が弾む話題をおさえよう

15
☑ フリーズしました！
My computer froze!

16
☑ どうして動かないんだと思いますか？
Why do you think it isn't working?

17
☑ 強制終了しちゃいました！
My computer crashed!

18
☑ 再起動しますね。
I'll restart it.

19
☑ パソコンの調子が悪くって。
My PC isn't working right.

20
もしかしてウィルスに感染してるんじゃないですか？

I wonder if it has a virus.

21
ウィルスチェックしましたか？

Did you check for viruses?

22
このソフトは無料でダウンロードできます。

You can download this software for free.

23
オススメのアプリはどれですか？

What applications do you recommend?

24
PC眼鏡って持っていますか？

Do you have computer glasses?

CHAPTER 2. 話が弾む話題をおさえよう

25
この眼鏡、ブルーライトをカットしてくれるそうです。
These glasses cut out the blue light.

26
素敵な壁紙ですね！(PCの画面)
I like your wallpaper!

27
整理整頓されたデスクトップですね。
Your desktop is really clean.

28
いつでもどこでもメールチェックしてます。
I can check my mail anywhere and anytime.

29
添付ファイルをご確認いただけますか？
Could you have a look at the attached file?

インターネットの話

YouTube、Facebook、ブログなど、
インターネットにまつわる話題も話が弾みます。

01
YouTube でおもしろ動画を見るのが好きです。

I like watching funny videos on YouTube.

02
このサイト、めちゃくちゃ便利ですよ。

This site is really convenient.

03
Google に頼ってばかりです。

I always use Google.

04
スケジュールは Google カレンダーで管理してます。

I keep my schedule on Google Calendar.

CHAPTER 2. 話が弾む話題をおさえよう

05 最近、もっぱら電子書籍を読んでいます。
I read mostly e-books now.

06 タッチパネルにどうも慣れない。
I can't get used to the touch panel.

07 ブログは続けていますか？
Are you still writing your blog?

08 Facebook、やっていますか？
Are you on Facebook?

09 Facebook で「いいね！」しときますね。
I'll like it on Facebook.

10
Facebookで上司から「友だち申請」されています。

I received a Facebook friend request from my boss.

11
Line、やっていますか？

Do you use Line?

12
その写真、メールで送ってくれませんか？

Could you e-mail me that photo?

13
通勤中はスマホでゲームしています。

I play games on my smartphone on my way to work.

14
ネットサーフィンしていて見つけました。

I found it while I was surfing.

CHAPTER 2. 話が弾む話題をおさえよう

15
HPはありますか？
Do you have a website?

16
HPのアドレスを教えてください。
What's your website?

17
ネットオークションで購入しました。
I bought this from an Internet auction.

18
今、ネットにつながりますか？
Can you get online?

19
今、ログインします。
I'm logging in now.

CHAPTER 3

相手の話を どんどん 引き出そう

実は、雑談は、相手に会話を楽しんでもらうことが第一のポイント。相手にたくさん話してもらうことが大切です。相づちをうったり、相手の気持ちに共感したり、質問を繰り返したりなどしながら、相手が話しやすい状況を演出しましょう。

CHAPTER 3. 相手の話をどんどん引き出そう

相づちをうつ

雑談の基本は相手に楽しく話させること。
気分よく話をしてもらうために、
相手の話を引き出す気の利いた相づちをうちましょう。

---

01 ですよね。
I know what you mean.

---

02 えー！ 意外です！
Wow! I can't believe it!

---

03 それ、ウケますね！
That's so funny!

---

04 同感です。
I'm with you.

05 そうそう。
Right right.

06 うんうん。
Uh-huh.

07 あるある〜!
Yeah, I know.

08 よくありますよね。
That happens a lot.

09 その気持ち、わかります。
I know how you feel.

CHAPTER 3. 相手の話をどんどん引き出そう

10
☑ そういう経験、私もありますよ。
The same thing happened to me.

11
☑ そういうこともありますよね。
That happens sometimes.

12
☑ そういう人、いますよね。
I've met people like that.

13
☑ そういうのありますよね。
I know what you mean.

14
☑ そうなんですか？
Is that right?

15. ウソでしょう！
You're kidding!

16. ないない(笑)。
No way, no way.

17. ありえないですね。
That can't be.

18. うわ！ それひどいですね。
Oh, no! That's terrible.

19. 本当ですか？
Are you serious?

CHAPTER 3. 相手の話をどんどん引き出そう

20
☑ うそ！ 信じられない！
No, way! I can't believe it!

21
☑ へー！ 知らなかったです！
Really? I had no idea.

22
☑ うちも(私も)そうですよ〜！
Same here.

23
☑ マンガみたいな話ですね。
It's like a cartoon.

24
☑ ふーん、そうなんですね。
Oh, I see.

質問を返す

質問されると話がどんどん進み、盛り上がります。
相手が話しやすいよう、質問を返しましょう。

---

01 で、どうしたんですか？
So what did you do?

---

02 その後、どうなったんですか？
Then what happened?

---

03 それから？ それから？
And then, and then?

---

04 それってどういうことなんですか？
What does that mean?

CHAPTER 3. 相手の話をどんどん引き出そう

愚痴を聞き流す

イライラやムカムカをどんどん吐き出させて
相手をスッキリさせてあげるのも充実した雑談になります。

01
☑ **肩身が狭いですよね。**
I feel strange here.

02
☑ **周囲の目が厳しいんです。**
Every one gives me the evil eye.

03
☑ **しんどいですよね。**
Though, isn't it?

04
☑ **ホント、むかつきますよね。**
No kidding. It makes me so mad.

05
ムッとすることもありますよね。

That really gets me.

06
嫌になりますよね。

You must be sick of it.

07
投げ出したくなることもあるでしょう。

Sometimes you just want to run away.

08
やりにくい人もいますよね。

Some people are hard to get along with.

09
そんなんじゃ、疲れちゃいますよね。

That makes me feel so tired.

CHAPTER 3. 相手の話をどんどん引き出そう

困っている
相手をねぎらう

困っている人にぜひかけたい、やさしいひと言をご紹介します。

01
それは困りましたね。
That's the pits.

02
それは弱ったことになりましたね。
That's no good.

03
迷惑ですね。
That's a pain.

04
厄介ですね。
That's a big headache.

05
急に企画がひっくりかえったんですってね。
Everything suddenly got turned upside down.

06
たくさんクレームが来たんですって？
Did you get a lot of complaints?

07
くたびれたでしょう？
You must be really tired.

08
お嬢さんが風邪ひいたとか？大変でしたね。
Your daughter has a cold? That's no good.

09
突然辞めた人がいたとか？
きっと人手が足りないですよね。
Someone walked out? They must be short-handed.

CHAPTER 3. 相手の話をどんどん引き出そう

落ち込んでいる相手を励ます

落ち込んでいる人にかけたいひと言をまとめました。

---

01 くやしいですね。
That's too bad.

---

02 ひどいですね。
That's terrible.

---

03 いらつきますね。
He gets on my nerves.

---

04 不愉快ですよね。
That's unpleasant.

05 カチンときますよね。
That really gets me.

---

06 許せない！
I'll never forgive him!

---

07 生意気ですよね！
He has an (bad) attitude!

---

08 偉そうに！
She thinks she's something!

---

09 なんなんでしょうね？
What's with him?

CHAPTER 3. 相手の話をどんどん引き出そう

10 ショック！
Oh, man!

11 胸が痛いです。
That really hurts.

12 耐えられないですね。
I can't stand this.

13 やりきれないですよね。
This is too much.

14 泣けてきますね。
It's enough to make you cry.

15
涙も枯れ果てますね。
I can't even cry.

16
残念でしたね。
You have my sympathy.

17
つらいですね。
That's painful.

18
そんなに思いつめないで。
Don't be so hard on yourself.

19
立ち直れないですよね。
It's hard to get over.

CHAPTER 3. 相手の話をどんどん引き出そう

相手の喜びに共感

喜んでうれしい話をしている相手の気持ちに共感を示すと
相手がどんどん話してくれるので雑談がスムーズにいきますよ。

---

01 感激ですね。
That's impressive.

---

02 満足ですね。
You look pretty satisfied.

---

03 幸せですね。
You're all smiles.

---

04 万歳ですね！
You did it!

05
夢みたいですね。
It's like a dream.

06
踊りだしたい気分ですね。
You must feel like dancing.

07
ラッキーでしたね。
Lucky you!

08
ルンルンですね!
Happy times are here!

09
楽しみですね。
I can't wait.

CHAPTER 3. 相手の話をどんどん引き出そう

相手の悲しみに共感

相手の悲しみを和らげることも雑談でできます。
悲しみに共感して、気持ちを鎮めてあげましょう。

---

01 すごいショックです！
It was quite a shock.

---

02 がっかりですね。
I'm disappointed.

---

03 聞いているこっちまで胸が痛いです。
It really makes my heart hurt to hear that.

---

04 それはひどい。
That's really bad.

05
やりきれないですよね。
This is hard to take.

06
泣けますね。
It makes you want to cry.

07
涙も出ないですね。
I'm too shocked to cry.

08
たまらないですね。
This is unbearable.

09
残念でしたね。
That's really too bad.

CHAPTER 3. 相手の話をどんどん引き出そう

10 ツライですね。
That's rough

11 凹みますね。
Don't let it get you down.

12 落ち込みますね。
I'm feeling pretty down.

13 私だったら立ち直れないです。
I would never be able to recover if it was me.

14 ついてないですね。
That's tough luck.

相手の怒りに共感

雑談には相手の怒りをなだめ、落ち着かせる効果もあります。
怒る相手の気持ちに共感して吐き出させてあげましょう。

01
ずるいですよね。
That's not fair!

02
ひどいですね。
That's so awful.

03
腹が立ちますね！
I feel like screaming!

04
それは大変ですね。
That's not cool.

CHAPTER 3. 相手の話をどんどん引き出そう

05 彼、どこかに行ってくれればいいのに。
I wish he would go away.

06 生意気ですよね！
Don't be a smartass!

07 偉そうに！
Don't act so high and mighty!

08 何なんでしょうね？
What's going on here?

09 それは嫌でしたね。
That's no fun.

相手の話に驚いたとき

相手の話にびっくりしたら、ストレートに表現しましょう。
英語では少々オーバー気味にリアクションするのがポイントです。

---

01 信じられない！
Unbelievable!

02 まさか！
You don't say!

03 すごーい!!
Holy cow!

04 ぶっ飛びましたよ。
It blew me away.

CHAPTER 3. 相手の話をどんどん引き出そう

05 本当に驚きました。
It caught me by surprise.

06 こんなの想像できます!?
Can you imagine that!?

07 まさに青天のへきれきですよ。
It was totally out of blue.

08 まったく思いもしなかったですよ。
It came out of nowhere.

09 こんなことになるとは。
Who would have thought?

感動を伝える リアクション

英語の雑談している時、相手にどんどん話させるには、
大きめのリアクションが効果的です。

---

01 マジで？
Seriously?

---

02 びっくり！
Wow!

---

03 すっごーい！
Amazing!

---

04 さっすがー！
Impressive!

CHAPTER 3. 相手の話をどんどん引き出そう

05 それはすごい！
That's something!

06 うらやましー！
I'm jealous.

07 さすが、井上さん！
Leave it to Inoue-san!

08 いいなー！
Lucky you!

09 うっそー！
No kidding!

CHAPTER 4

もっと雑談を楽しもう

雑談は基本何を話してもOK。相手をねぎらったり、お礼を言ったり、場の空気を壊さなければ、こちらの気持ちを伝えるのもOK。また、そろそろ話を切り上げたい、大幅に脱線した話を本題に戻したいという際に使えるフレーズもご紹介します。

CHAPTER 4. もっと雑談を楽しもう

相手をねぎらうとき

心遣いが表れる、相手の心に響く
ねぎらいのひと言をご紹介します。

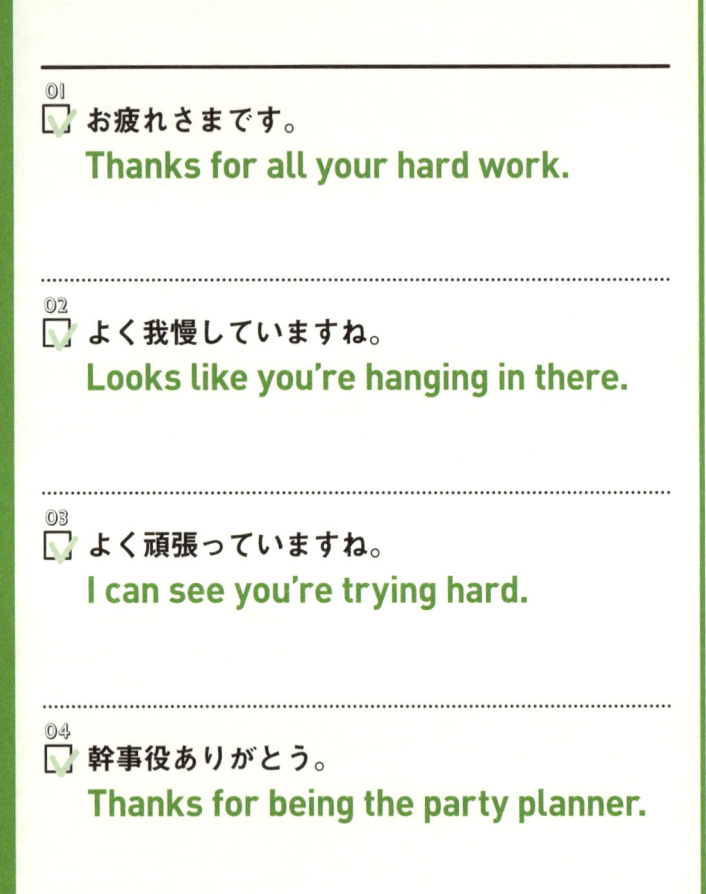

01 お疲れさまです。
Thanks for all your hard work.

02 よく我慢していますね。
Looks like you're hanging in there.

03 よく頑張っていますね。
I can see you're trying hard.

04 幹事役ありがとう。
Thanks for being the party planner.

05 お店探すの苦労したでしょう？
It wasn't easy to find a place, was it?

---

06 雨の中すみません。ぬれませんでしたか？
Thanks for coming in the rain. Did you get wet?

---

07 今日は暑かったでしょう？
It was pretty hot today, wasn't it?

---

08 風が強くありませんでしたか？
Was the wind pretty strong?

---

09 遠くありませんでしたか？
It's kind of far, isn't it?

CHAPTER 4. もっと雑談を楽しもう

10 お時間がかかったでしょう？
It took you a long time, didn't it?

11 遅くまですみません。
Sorry to keep you so long.

12 お疲れではありませんか？
You must be tired.

13 先週も休日出勤してましたよね？
You went to work on your day off last week?

14 今日で何日連続勤務ですか？
How many days straight is that?

相手に感謝するとき

英語でははっきり口にしないと感謝の気持ちは伝わりません。
雑談に取り入れたりして、具体的にお礼を相手に言いましょう。

---

01 遠い所まで、わざわざありがとうございます。
Thanks for coming all this way.

---

02 今日はお時間を割いていただきありがとうございました。
Thanks for your time today.

---

03 今日はおもしろいお話を伺えて、楽しかったです。
I really enjoyed talking with you.

---

04 重いのに、持ってくれてありがとう。
Thanks for carrying it even though it's really heavy.

CHAPTER 4. もっと雑談を楽しもう

05
☑ アドバイスのおかげで
プロジェクトが成功しました！

The project was a success, thanks to you!

06
☑ お皿洗ってくれたんですね？
ありがとう！

You did the dishes? Thanks!

07
☑ いただいたバッグ、毎日使ってます！
ありがとう！

I use the bag you gave me every day. Thanks a lot!

08
☑ 気に入ってくれてよかったです！

I'm glad you like it.

09
☑ すてきなお店を教えてくれてありがとう！

Thanks for telling me about that place.

相手を祝福するとき

ささいなことでも雑談の中で「おめでとう!」とお祝いする気持ちを伝えると、いっそう人間関係がスムーズになります。

---

01 おめでとうございます!
Congratulations!

---

02 おめでとう!
Way to go!

---

03 素晴らしいですね!
Looks great!

---

04 よくやりましたね!
Good job!

CHAPTER 4. もっと雑談を楽しもう

05 すごいですね！
That's crazy!

06 頑張りましたね！
You really did it!

07 ご幸運を！
Good luck!

08 楽しんでくださいね！
Have a good time!

09 すてきなキャンパスライフを。
I hope you enjoy college life.

度忘れしたとき

雑談している最中に自分も相手も度忘れして「あれ？なんだっけ？」なんていうことありませんか？これも話のつなぎに使えます。

---

01 度忘れしました。
It slipped my mind.

---

02 あれって何て言うんでしたっけ？
What do you call it?

---

03 あれ英語で何て言うんでしたっけ？
What was that in English?

---

04 のどまで出かかっているんですけど。
It's on the tip of my tongue.

CHAPTER 4. もっと雑談を楽しもう

05 え〜と……ほらわかるでしょ。
Ah...you know what I mean.

06 どこまで話しましたっけ？
Where was I?

07 え〜と何の話でしたっけ？
What were we talking about?

08 考えていたことを忘れちゃいました。
I've lost my train of thought.

09 何だかわかんなくなっちゃって。
I'm a little confused here.

謝るとき

雑談のとっかかりとして相手に謝るシチュエーションはありますが、英語では謝り方に気をつけなければならないので注意して！

---

01 ごめんなさい。
Sorry about that.

---

02 すみませんでした。
My apologies.

---

03 申し訳ございません。
I really messed up.

---

04 どうか許していただけませんでしょうか。
Could you ever forgive me?

CHAPTER 4. もっと雑談を楽しもう

誘いを断るとき

雑談の中でせっかく相手が会食やレジャーに
誘ってくれたのに断わらないといけないことも。
角が立たない断り方をおさえておきましょう。

01
☑ 行きたいのはやまやまなんですが。
I want to go, but I can't this time.

02
☑ どうしても外せない用事があるんです。
There's something I've got to do.

03
☑ できればご一緒したいのですが。
I wish I could join you.

04
☑ また今度……。
Maybe next time...

05 また別の機会に。
I'm sure we'll get another chance.

06 考えておきます。
I'll think it over.

07 すごく残念なのですが。
That's too bad.

08 できることならそうしたいんですが。
I would if I could.

09 その代りに……。
Maybe instead we could...

CHAPTER 4. もっと雑談を楽しもう

話しにくいことを話してもらうとき

悩み事を吐き出してもらったり、相談を受けるのにも使える雑談。「お茶する」など、場所を変えてみる提案が効果的です。

01 ちょっとお茶でも飲みませんか？
How about some tea?

02 場所を変えて話しませんか？
Should we go somewhere else to talk?

03 今夜、一杯飲みに行きませんか？
How about a drink tonight?

04 ちょっと歩きませんか。
Let's go for a little walk.

相談に乗るとき

相談に乗るときに使えるフレーズをまとめました。
ぜひ相手にたっぷり話してもらいましょう。

---

01 どうしたんですか？
What happened?

....

02 話してみて。
You can tell me anything.

....

03 相談に乗りますよ。
Maybe I can help.

....

04 何でも話して。
Tell me everything.

CHAPTER 4. もっと雑談を楽しもう

05
厄介なことになってきましたね。
This is becoming a pain to deal with.

06
大変なことになりましたね。
You're getting into hot water.

07
いつかこうなるんじゃないかと思っていました。
I thought this would happen.

08
それでどうするつもりですか?
So, what are you going to do?

09
いい勉強になったのではないですか?
I suppose you're smarter for it now.

本題に戻すとき

盛り上がりすぎて脱線してしまった話を
元に戻すのに使える便利なフレーズです。

01
ところで……。
By the way...

02
話は変わりますが……。
On a different topic...

03
本題に入らせていただきますと。
Let's get down to business.

04
お時間もあるので本題に入りますね。
We don't have much time so, let's get started.

CHAPTER 4. もっと雑談を楽しもう

話題を広げるとき

雑談中に出てきた話題をぐっと広げる鉄板表現。
相手の話をひきだすのに使えるフレーズですので
ぜひおさえておきましょう。

01
☑ ○○と言えば、この間……。
Speaking of △△, the other day...

02
☑ ○○って××ですよね？
By ○○, you mean ××, right?

03
☑ 最近多いですよね、そんなニュース。
News like that happens all the time now.

04
☑ 身近にもいますよね、そんな人……。
I know someone just like that.

話を切り上げるとき

雑談はサクッと切り上げるのがポイント。
話を切り上げるタイミングで使いたいフレーズをご紹介します。

---

01 じゃあ、この辺で。
Okay, let's stop here.

---

02 それでは、また！
Okay, take care.

---

03 名残おしいですが、また。
I hate to go, but I'll see you later.

---

04 お話しできてよかったです。
It's been nice talking with you.

CHAPTER 4. もっと雑談を楽しもう

05 そのうちまたご一緒しましょう。
We should get together sometime.

06 お忙しそうですので……。
I know you're busy, so...

07 お引留めしてもなんですので。
Well, I guess I'd better let you go.

08 そろそろ失礼しないと。
I have to go.

09 あら、もうこんな時間。
Well, it's getting late.

10
すっかり長居をしてしまって。
Sorry for taking up so much of your time.

11
時間を忘れてしまいました。
I lost track of the time.

12
今度もっと聞かせてくださいね。
Tell me more later.

13
またお話ししましょう。
Let's talk again soon.

14
あとで電話しますね。
I'll call you later.

CHAPTER 4. もっと雑談を楽しもう

15
☑ 私、ここ寄って行くので……では！
I have to stop in here, so I'll see you later!

16
☑ またお会いできるのを楽しみにしています。
I hope to see you soon.

17
☑ ご連絡くださいね。
Don't be a stranger.

18
☑ ご両親によろしくお伝えください。
Please give my best regards to your parents.

19
☑ 楽しかったから、あっという間でした。
Time flies when you're having fun.

アメやミントを渡すとき

話題に困ったときに使えるのが
ガムやミントタブレットを介したやりとり。
それがそのまま雑談になるので便利ですよ。

---

01 よかったらミントいかがですか？
Care for a mint?

---

02 これ、新しいフレーバーなんですけど、いかがですか？
It's a new flavor. What do you think?

---

03 眠気覚ましにどうぞ。
This will wake you up.

---

04 気分転換にどうぞ。
Try this for a change.

CHAPTER 4. もっと雑談を楽しもう

05 これ、最近気に入ってるんですけど、いかがです？
I've started to like these. Try one.

06 ハート形が入っていたら幸せになるんですって！
If you get a heart-shaped one, it'll bring you happiness

07 これ、おいしいですよ！
This tastes great!

08 ミントが手放せなくって。
I have to have my mints.

09 ミントは苦手ですか？
You don't care for mints?

店員さんとの会話

レストランでの食事中、お店での買い物中、
店員さんとのやりとりももう一歩踏み込みたいもの。
ぜひプラスαの雑談を心がけて。

---

01 これ、どうやって食べたらいいですか？
What's the best way to eat this?

---

02 最近これはやってますよね？
This is really popular now.

---

03 何がきっかけなんですか？
I wonder why.

---

04 昨日テレビで、これ見ました！
It was on TV yesterday!

CHAPTER 4. もっと雑談を楽しもう

05 これ、どうやって保存したらいいですか？
How should I store this?

06 これ、小分けで売っていただけませんか？
Can I buy just a little of this?

07 今日のオススメはどれですか？
What do you recommend today?

08 口コミ、すごいですよね。
Everyone's talking about this place.

09 うわー、いいにおいですね！
Wow, something smells great!

01
これは、どこ産ですか？

Do you know where this comes from?

02
もうちょっとおまけしてくれませんか？

Can you give me a better price? Just a little.

03
おすすめのメニューはどれですか？

What do you recommend?

04
この料理に合うワインはどれですか？

Which wine goes with this?

05
あなたならどれを選びますか？

What are you going to get?

CHAPTER 4. もっと雑談を楽しもう

自己紹介に添えたいひと言

自己紹介時に是非とも付け加えたい、鉄板フレーズを紹介します。
これで相手の心をぐっとつかみましょう。

01
私は太郎、鈴木太郎と言います。
あなたのお名前は……?

I'm Taro, Taro Suzuki. And you are...?

02
いい名前ですね。どういうスペルですか?

**That's a nice name.
How do you spell it?**

03
みんなには「ヒロ」って呼ばれています。

Everyone calls me Hiro.

04
「ジョー」って呼んでください。

You can just call me Jo.

05 友達には何て呼ばれているのですか？
What do your friends call you?

06 覚えやすい名前ですね。
That's an easy name to remember.

07 昔、同じ名前の友達がいました。
I used to have a friend with that same name.

08 あなたの国では結構よくある名前なんですか？
Is that a pretty common name in your country?

09 あなたの名前には何か特別な意味があるんですか？
Does your name mean anything special?

CHAPTER 4. もっと雑談を楽しもう

日常でよく使うあいさつ

雑談をはじめる前の声かけもバリエーションを持たせたいもの。
英会話で日常的に使うあいさつ表現を一気におさらいしましょう。

---

01 こんにちは。
Good to see you.

---

02 やあ、こんにちは。
Hello there.

---

03 よう。
Hey.

---

04 よう、どうだい？
What's up?

05 元気？
How's it going?

06 元気にしてますか？
How's everything with you?

07 ご機嫌いかがですか？
How're you doing?

08 どうだい調子は？
How goes it with you?

09 近頃どうですか？
How have you been?

CHAPTER 4. もっと雑談を楽しもう

10 調子はどうですか？
How are things going?

---

11 こんなところで会うなんて驚きです！
Imagine meeting you here!

---

12 こんなところでお目にかかれるとはね。
I never thought I'd see you here.

---

13 よくばったり会いますね。
We seem to keep running into each other.

---

14 あれ、どうしてここに⁉
What are you doing here!?

CHAPTER 5

海外で
すぐに使える
雑談フレーズ

雑談が必要になるのは、旅行先や出張先でということが多いですよね。日本人がよく訪れる国別にすぐに使えるフレーズをまとめました。ぜひ使ってみてください。

CHAPTER 5. 海外ですぐに使える雑談フレーズ

アメリカ

旅行や出張などアメリカ滞在時に使える、
英語の雑談フレーズを紹介します。

01
☑ あなたは野球ファンですか？
Are you a baseball fan?

02
☑ ここは道幅がすごく広いですね。
The streets are so wide here.

03
☑ こんなに大きな店は見たことがありません。
I've never seen such a big store.

04
☑ この国はとても多様性に富んでいますね。
There's so much diversity here.

05
ご出身は何州ですか？

What state are you from?

06
あなたの州の名物は？

What's your state famous for?

07
ほぼ全員が車を所有しているんですってね。

I hear almost everyone has a car.

08
景気はよくなってきているのですか？

Is the economy doing better?

09
アメリカ全土を旅行したことはありますか？

Have you traveled all around in the United States?

CHAPTER 5. 海外ですぐに使える雑談フレーズ

イギリス

旅行や出張などイギリス滞在時に使える、
英語の雑談フレーズを紹介します。

01
いつもこんなに雨が降るのですか？

Does it always rain this much?

02
ここにはとても古い歴史があります。

There's so much history here.

03
イギリスの田舎を訪れてみたいです。

I'd like to visit the British countryside.

04
イギリスのロック音楽の大ファンなんです。

I'm a big fan of British rock music.

05
☑ 一緒にティータイムを過ごせたら楽しいでしょうね。

It would be fun to have tea time together.

06
☑ 女王を見たことはありますか？

Have you ever seen the Queen?

07
☑ アフタヌーンティで一番いい場所はどこですか？

Where is the best place for afternoon tea?

08
☑ ロンドンの街並みはとても美しいですね。

The streets in London are so beautiful.

09
☑ 素晴らしい美術館・博物館がたくさんあって、幸運ですね。

You're lucky to have so many wonderful museums.

CHAPTER 5. 海外ですぐに使える雑談フレーズ

イタリア

旅行や出張などイタリア滞在時に使える、
英語の雑談フレーズを紹介します。

01
☑ どこか本格的なイタリアンを食べられるところはありますか？

Where can I get some authentic Italian food?

02
☑ 多くのイタリア人はよく外食をするんですか？

Do most Italians eat out a lot?

03
☑ ここはとても歴史のある街ですね。

This is such a historical city.

04
☑ こんな美しい場所に住んでいるなんて、あなたは幸せですね。

You're lucky to live in such a beautiful place.

05 ローマのどの辺りに住んでいるのですか？
What part of Rome do you live in?

---

06 世界最古のカフェがベネチアにあるとか。
I heard you have the oldest cafe in Venice.

---

07 スパゲッティの一番おいしい食べ方は？
What's the best way to eat spaghetti?

---

08 バチカンでは何かイベントが行われていますか？
Are there any events at the Vatican?

---

09 ダビデ像を見るのが楽しみで仕方ありません。
I can't wait to see the Statue of David.

CHAPTER 5. 海外ですぐに使える雑談フレーズ

スペイン

旅行や出張などスペイン滞在時に使える、
英語の雑談フレーズを紹介します。

---

01 マドリードを訪れるのに一番いい季節はいつでしょう？

What's the best season to go to Madrid?

---

02 闘牛を見るべきでしょうか？

Do you think I should go to see a bullfight?

---

03 スペインは、地域によってさまざまな方言があるのですか？

Do different parts of Spain have different accents?

---

04 スペイン料理にはスパニッシュワインが合いますよね。

Spanish food goes with Spanish wine.

05
スペインの伝統料理は何ですか？

What is the traditional Spanish food?

06
おすすめはバルセロナ？
それともマドリード？

Which would you recommend, Barcelona or Madrid?

07
大道芸人を見るのが大好きなんです。

I love seeing street artists perform.

08
ここは比較的安全な地域なのですか？

Is this a pretty safe area?

09
ピカソの絵画を見てみたいです。

I'd love to see some Picasso paintings.

CHAPTER 5. 海外ですぐに使える雑談フレーズ

トルコ

旅行や出張などトルコ滞在時に使える、
英語の雑談フレーズを紹介します。

---

01 トルコ料理はすごくおいしいですね。

Turkish food is so delicious.

---

02 トルコ料理は世界三大料理のひとつですよね。

Turkish food is among the three most popular foods in the world.

---

03 トルコ菓子の作り方を知ってますか？

Do you know how Turkish delight is made?

---

04 トルコには驚くべき歴史があるんです。

Turkey has an amazing history.

05
モスクの中に入ってもいいんですか？

Is it okay to go inside mosques?

06
この建物はいつ頃建てられたんですか？

When was this building built?

07
トルコの歴史がこれほど古いなんて知らなかったです。

I never knew Turkey's history was so old.

08
こんなオリーブを日本でも買えたらいいのに。

I wish I could buy olives like this in Japan.

09
日本にあるトルコ料理のレストランによく行きます。

I often go to Turkish restaurants in Japan.

CHAPTER 5. 海外ですぐに使える雑談フレーズ

インド

旅行や出張などインド滞在時に使える、
英語の雑談フレーズを紹介します。

---

01 インドのどの辺りのご出身ですか？
What part of India are you from?

---

02 それは北部？ それとも南部？
Is that in the north or south?

---

03 食べ物はインド国内どこでも同じですか？
Is the food the same everywhere in India?

---

04 ネパールの近くですよね？
That's near Nepal, isn't it?

05
タージマハルを見るのが私の夢なんです。
My dream is to see the Taj Mahal.

06
夏はかなり暑くなると聞きました。
I heard it gets really hot in the summer.

07
代表的な宗教は何ですか？
What is the main religion?

08
あなたは何カ国語を話すのですか？
How many languages do you speak?

09
公用語は何語ですか？
What is the official language?

CHAPTER 5. 海外ですぐに使える雑談フレーズ

ベトナム

旅行や出張などベトナム滞在時に使える、
英語の雑談フレーズを紹介します。

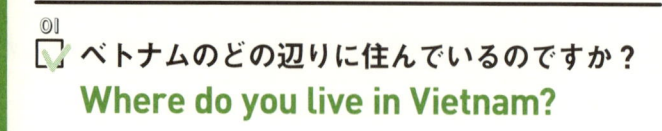

01
☑ ベトナムのどの辺りに住んでいるのですか？

Where do you live in Vietnam?

......

02
☑ ハノイの近くですか？

Is that near Hanoi?

......

03
☑ ベトナムには世界遺産が
たくさんあると聞いています。

I hear there are a lot of World Heritage Sites in Vietnam.

......

04
☑ ベトナムの中で、
より伝統的なのはどの地域なのですか？

Which part of Vietnam is more traditional?

200

05
ベトナム料理はかなり辛いのですか？

Is Vietnamese food pretty spicy?

06
フォー・ボーを食べたんだけど、とてもおいしいです。

I tried pho bo and it was really good.

07
ベトナムは観光地として有名です。

Vietnam is famous for being great for sightseeing.

08
日本人によってつくられた有名な街があると聞いたんですが。

I heard there's a famous town that was built by the Japanese.

09
ベトナムのコーヒーが大好きです。

I really like Vietnamese coffee.

CHAPTER 5. 海外ですぐに使える雑談フレーズ

インドネシア

旅行や出張などインドネシア滞在時に使える、
英語の雑談フレーズを紹介します。

01
インドネシアは美しいビーチで有名なんですってね。

I heard Indonesia is famous for its beautiful beaches.

02
インドネシアにダイビングをしに行ってみたいです。

I'd love to go diving in Indonesia.

03
おすすめのビーチはどこですか？

What beach do you recommend?

04
バリで無線LANに接続するのは簡単ですか？

Is it easy to get Wi-fi in Bali?

202

05
サファリパークに行きたいです。

I want to visit a safari park.

06
定番のおみやげは何ですか？

What are the standard gifts?

07
木の彫刻を見てみたいです。

I'd like to see some wooden carvings.

08
インドネシアで
サーフィンをする人は多いのですか？

Do a lot of people surf in Indonesia?

09
影絵芝居を見るのに最高の場所はどこでしょう？

What's the best place to see shadow puppets?

CHAPTER 5. 海外ですぐに使える雑談フレーズ

タイ

旅行や出張などタイ滞在時に使える、
英語の雑談フレーズを紹介します。

01
伝統的なタイの踊りはとても美しいですね。

Traditional Thai dance is so beautiful.

02
伝統的な仏教寺院をいくつか見てみたいです。

I'd like to see some traditional Buddhist temples.

03
どこも混んでいますね。

It's crowded everywhere.

04
都会の騒々しさから離れるには、どこに行けばいいでしょう?

Where can I go to get away from the busy city?

05
水上マーケットに行きたいです。
I want to go to a floating market.

06
チェンマイはとても美しいところらしいですね。
I heard Chiang Mai is really beautiful.

07
伝統的な香辛料を試してみたいです。
I'd like to try some traditional spices.

08
タイ料理の教室は、どこかにありませんか？
Do you know where I can take a Thai cooking class?

09
オススメのスパはありませんか？
Is there a spa that you can recommend?

CHAPTER 5. 海外ですぐに使える雑談フレーズ

台湾

旅行や出張など台湾滞在時に使える、
英語の雑談フレーズを紹介します。

01
☑ ケタガラン文化館を見るべきでしょうか？

Do you recommend seeing the Ketagalan Culture Center?

02
☑ 夏の台湾はとても暑いらしいですね。

I hear Taiwan is really hot in the summer.

03
☑ 龍山寺にはMRTで行くべきでしょうか？

Should I take MRT to Longshan Temple?

04
☑ 台北101の最上階へ行けますか？

Can I get to the top of Taipei 101?

05
あのビルが台北101ですか？
Isn't that building the Taipei 101?

06
一番上まで登れるのですか？
Can I go to the very top?

07
夜市に行きたいです。
I'd love to go to the night market.

08
台湾の電車はとても速い上に運賃も安いんです。
The trains in Taiwan are really fast and cheap.

09
台湾の標準語は何語ですか？
What's the standard language in Taiwan?

学校では教えてくれなかった英語
中学英語で英語の雑談ができるようになる本

発行日	2014年3月25日　第1版第1刷
発行日	2014年8月22日　第1版第2刷

著者　　　　デイビッド・セイン

デザイン	細山田光宣＋木寺梓（細山田デザイン事務所）
イラスト	中野きゆ美
編集協力	泊久代
校正	中山祐子

編集担当	柿内尚文、舘瑞恵
営業担当	熊切絵理
営業	丸山敏生、増尾友裕、石井耕平、菊池えりか、伊藤玲奈、櫻井恵子、吉村寿美子、田邊曜子、奥山寛子、大村かおり、高垣真美、高垣知子、柏原由美、大原桂子、清水薫、寺内未来子、綱脇愛
プロモーション	山田美恵、浦野雅加
編集	小林英史、黒川精一、名越加奈枝、五十嵐麻子、杉浦博道
編集総務	鵜飼美南子、髙山紗耶子、森川華山
講演事業	齋藤和佳
マネジメント	坂下毅
発行人	高橋克佳

発行所　**株式会社アスコム**

〒105-0002
東京都港区愛宕1-1-11　虎ノ門八束ビル
編集部　TEL：03-5425-6627
営業部　TEL：03-5425-6626　FAX：03-5425-6770

印刷・製本　**中央精版印刷株式会社**

Ⓒ AtoZ Co.Ltd.　株式会社アスコム
Printed in Japan　ISBN 978-4-7762-0824-2

本書は著作権上の保護を受けています。本書の一部あるいは全部について、株式会社アスコムから文書による許諾を得ずに、いかなる方法によっても無断で複写することは禁じられています。

落丁本、乱丁本は、お手数ですが小社営業部までお送りください。
送料小社負担によりお取り替えいたします。定価はカバーに表示しています。